Deutsch mit Olli 2

Lesebuch

erarbeitet von
Simone Eutebach, Sylvia Gredig,
Carola Haut-Grzonkowski, Andrea Sperr

mit Illustrationen von
Adja Schwietring, Petra Eimer

Cornelsen

Inhaltsverzeichnis

LEICHT   BASIS   PLUS   Medienkompetenz

Gedichte
sind kleine Texte.

Es gibt kurze und lange Gedichte.
Die Zeilen in einem Gedicht heißen **Verse**.
Mehrere Verse bilden eine **Strophe**.

Oft reimen sich Wörter in einem Gedicht.
Die Wörter klingen dann ähnlich.
Zwei **Reimwörter** sind ein **Paar**.
Es gibt aber auch Gedichte,
die sich nicht reimen.

Manche Gedichte sind Rätsel.
Manche Gedichte spielen mit Wörtern.

 Wurm reimt sich auf Turm.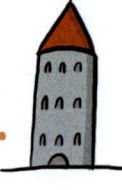

 Stock reimt sich auf Rock.

 Buch reimt sich auf Tuch.

Das ist Paul Maar.
Er ist ein Autor.
Paul Maar schreibt
Gedichte und
Geschichten für Kinder.
Er denkt sich seine
witzigen Gedichte
am liebsten im Zug aus.
Das Rattern der Räder gefällt ihm:
TARAMTARAM ...

Gedichte klingen gut,
wenn du sie vorträgst.
Besonders schön ist es,
wenn du ein Gedicht
auswendig aufsagen kannst.

Ein Gedicht kannst du
auch prima verschenken!

Eine Tanne lernt Gedichte,
eine Lärche hört ihr zu.

ABC-Gedicht

Ameisen **b**auen.

Computer **d**enken.

Esel **f**ressen.

Gabeln **h**elfen.

5 **I**nseln **j**odeln.

Kinder **l**achen.

Messer **n**erven.

Ostereier **p**latzen.

Quallen **r**ennen.

10 **S**egel **t**anzen.

U-Boote **v**erschwinden.

Wolken, **X**ylofone, **Y**aks **z**ählen.

Vornamen-ABC

Axel holt die Leiter,
Bärbel trägt sie weiter,
Christoph stellt sie auf,
Doris klettert rauf.
5 **E**va klettert hinterher,
Franz bewundert beide sehr.
Gisela fährt mit dem Rad,
Hanna fällt in den Salat.
Irmi, die muss schallend lachen,
10 **J**utta kommt mit ihrem Drachen.
Kurt trinkt eine Limonade,
Lars isst lieber Schokolade.
Michael spielt Saxofon,
Nikolaus kennt jeden Ton.
15 **O**skar schaut oft aus dem Fenster,
Pia glaubt noch an Gespenster.
Quirin hat den Fuß verstaucht,
Robert pustet, wenn er raucht.
Sonja liest gern Mädchenbücher,
20 **T**heodor sucht Taschentücher.
Ulla angelt nach Forellen,
Volker hört nachts Hunde bellen.
Wanda isst ihr Abendbrot,
Xaver liebt das Morgenrot.
25 **Y**vonne ist stolz auf ihren Namen,
Zacharias macht Examen. ◇

Paul Maar

Welches Kind aus deiner Klasse steht im Alphabet vor dir, welches hinter dir?

Das tut manchmal weh,
beklagt sich das T,
wenn man im Alphabet
an zwanzigster Stelle steht.

Frantz Wittkamp

Der Buchstabe Z

Das Z gehört zum Alphabet,
auch wenn es ganz am Ende steht.
Am Ende steht es auch bei Herz,
bei Holz, bei Pilz, bei Netz, bei Schmerz.
5 Doch manchmal, wie bei Zwerg und Zorn,
da steht das Z im Wort ganz vorn.
Im Zahnweh und im Zwiebelkuchen
muss man das Z nicht lange suchen.
Dagegen wird es kaum entdeckt,
10 wenn es sich gut im Wort versteckt.
So bei den fünfzehn schwarzen Katzen
und ihren sechzig schwarzen Tatzen.
Ganz stolz erzählt das Zirkuszelt,
dass es sogar zwei Z enthält.
15 Erstaunt fragt da der Grizzly-Bär,
ob dies denn was Besondres wär.

Paul Maar

Abzählreim

Das kannst du gut auswendig lernen!

1, 2, Osterei,
3, 4, Gürteltier,
5, 6, Tintenklecks,
7, 8, gut gemacht!

Mitspielreim

Wie du mir, so ich dir.
Auf dem Baum steht ein Klavier,
Katzen spielen drauf zu dritt
– und du spielst mit. ◇

Gerda Anger-Schmidt

Das Murmeltier

Das Murmeltier, das Murmeltier
das murmelt da, das murmelt hier
es murmelt morgens, mittags, nachts
nur abends nicht, da lachts.

Peter Maiwald

Elefanten rückwärtszählen

Zehn und neun und acht und sieben:
Elefanten, hiergeblieben!
Rüsselschluck auf ex: sechs.
Stampfen durch die Sümpf: fünf.
Schwer wie ein Klavier: vier.
Drei und zwei und eins und Schluss:
Elefantenrüsselkuss! ◇

Regina Schwarz

Akrobat

Ein Rindvieh stand auf einem Bein,
fand Fladen und Gestank nicht fein,
wollt lieber ein Flamingo sein.

Uwe-Michael Gutzschhahn

Zungenbrecher

Zungenbrecher musst du üben!
Lies erst langsam und dann
immer schneller.

Der dünne Dackel düst daher,
doch dummerweise ist da Teer.

Zwanzig Zwerge machen Handstand,
zehn am Wandschrank, zehn am Sandstrand.

Regenpferd und Seewurm

Regenschwein und Warzenwurm,
Haipferd, Nasfisch, Nilbär, Eishorn,
Buchlaus, Seefink, Walhund, Blattross,
Brillenauge, Pfauenschlange,
Gürtelfrosch und Wettertier –
Irgendetwas stimmt nicht hier!

Paul Maar

Das Dachschwein

„Auf dem Dach
sitzt ein Schwein!"

„Das kann doch
gar nicht sein."

5 „So schau doch,
es sitzt wirklich dort!"

„Ich seh aber kein
Schwein."

„Jetzt ist's auch
10 wieder fort."

Christian Futscher

Peng!

Ein Nashorn saß auf einem Baum
und schaute in die Ferne.
Es dachte sehnsuchtsvoll bei sich,
ich würde furchtbar gerne
bis zu den Wolken fliegen –
da brach der Ast, das Nashorn flog
und blieb am Boden liegen.

Manfred Mai

Wie heißt er nur?

Er heißt Drachen.

Kann tolle Sachen machen.

Weht der Wind, steigt er hoch.

Will hinauf bis zum Mond.

Doch ich hab ihn fest an der Schnur.

Mostafa Rahmandoust

Die Vogelscheuche

Die Raben rufen: „Krah, krah, krah!

Wer steht denn da, wer steht denn da?

Wir fürchten uns nicht, wir fürchten uns nicht

vor dir mit deinem Brillengesicht.

5 Wir wissen ja ganz genau,

du bist nicht Mann, du bist nicht Frau.

Du kannst ja nicht zwei Schritte gehen

und bleibst bei Wind und Wetter stehen.

Du bist ja nur ein bloßer Stock,

10 mit Stiefeln, Hosen, Hut und Rock.

Krah, krah, krah!"

Christian Morgenstern

Nebel

Der Nebel naht
auf kleinen Katzenpfoten.
Er lässt sich nieder und schaut
über Hafen und Stadt,
lautlos und breit,
und dann wogt er weiter.

Fog

The fog comes
on little cat feet. ◈

Carl Sandburg

Das ist englisch.

Am Fenster

Ich schau in den weißen Nebel hinaus
Und ich seh keinen Baum, keinen Strauch und kein Haus;
Kein Pferdchen am Wagen,
Keinen Hund auf dem Platz,
Keinen Vogel im Garten,
Nicht mal einen Spatz.
Kein blauer Himmel,
Keine Sonne rausguckt:
Der weiße Nebel hat alles verschluckt.

Ernst Kreidolf

Still

die Schneeflocke fällt
so leicht und sacht
es wird immer stiller
in der Nacht

es wirbelt
und es strudelt weiter
die Stille rauscht
in meinem Ohr

Stil

de sneeuwvlok valt
zo licht en zacht
het wordt steeds stiller
in de nacht

het dwarrelt
en het duizelt door
de stilte suizelt
in mijn oor

Hans und Monique Hagen

Das ist niederländisch.

Stern

Ich fragte mal
einen Schneeflöckchenstern:
Weihnachten ist bald –
was hättest du gern?
Das Schneesternchen seufzte
und sagte ganz leis:
Einen Eisschrank bitte,
den wünsch ich mir heiß …

Wanda Chotomska

Tannengeflüster

Wenn die ersten Fröste knistern,
in dem Wald bei Bayrisch-Moos,
geht ein Wispern und ein Flüstern
in den Tannenbäumen los,
5 ein Gekicher und Gesumm
ringsherum.

Eine Tanne lernt Gedichte,
eine Lärche hört ihr zu.
Eine dicke, alte Fichte
10 sagt verdrießlich: „Gebt doch Ruh!
Kerzenlicht und Weihnachtszeit
sind noch weit!"

Vierundzwanzig lange Tage
wird gekräuselt und gestutzt
15 und das Wäldchen ohne Frage
wunderbar herausgeputzt.
Wer noch fragt: „Wieso? Warum?"
Der ist dumm.

Was das Flüstern hier bedeutet,
20 weiß man selbst im Spatzennest:
Jeder Tannenbaum bereitet
sich nun vor aufs Weihnachtsfest,
denn ein Weihnachtsbaum zu sein:
Das ist fein!

James Krüss

Wie bereitest du dich
auf Weihnachten vor?

Blütenspiel

Wäh*rend*
der Baum
den Früh*ling* er*war*tet,
spie*len* die Vö*g*el,
dass sie sei*ne* Blü*t*en sind.

João Proteti

Regen

Im In*nen*hof grollst du,
Trom*melst* und klopfst
Auf Bot*tich* und Kü*b*el,
Pras*selnd* und laut.

Im Frei*en* vorm Haus
Fühlst du dich wohl.
Kaum merk*lich* und lei*se*
Wäschst du das Ra*sen*stück grün.

Liang Lin

Was der Regenwurm nachts macht

Nach
 nem
  fie*sen*
   re*g*en
    sturm
    dreht
    sich
    frech
   der
    re*g*en
     wurm
      rin*gelt*
       sich
       zur
        er*de*
       raus
      wird
     zum
      schmaus
       der
        fle*der*
       maus

Arne Rautenberg

Alles Sommer

Alles juckt
alles rennt
alles zuckt
alles brennt

Alles schwitzt
alles gießt
alles sitzt
alles fließt

Alles Sommer

Erwin Grosche

Rätsel

Dieses Bett hängt zwischen Bäumen,
darin kannst du herrlich träumen,
wenn im Sommer die Sonne scheint.
Welches Bett ist da gemeint?

Monika Rieger

Die Idee

Im grünen Gras
der gelbe Schlauch.
Die Hängematte.
Papas Bauch.

5 Der Wasserhahn
im Sonnenstrahl.
Ideen fließen.
„Mach doch mal!"

Du weißt noch nicht,
10 was wäre, falls.
Magenkribbeln.
Kloß im Hals.

Dann drehst du auf:
Eiskalte Pracht.
15 Und Papa wehrt sich.
Wasserschlacht!

Helge May

Geschichten
sind erfunden.

In Geschichten ist alles möglich:
Ein Zebra spricht.
Oma macht das Internet kaputt.
Riesenameisen klauen das Frühstück.

Geschichten können Spaß machen
oder ein wenig gruselig sein.
Manches, was in Geschichten passiert,
hast du vielleicht selbst schon erlebt.
Geschichten können auch Mut machen.

Das ist die **Autorin** Ute Krause.
Sie denkt sich Geschichten aus.
Dazu malt sie selbst die Bilder.
Ute Krause hat Minus Drei erfunden.

Das ist Minus Drei.

In diesem Kapitel findest du viele Geschichten.
Zum Beispiel aus diesen Büchern.

KINDERBÜCHER

Susana Gómez Redondo | Sonja Wimmer
AM TAG, ALS
Saída
ZU UNS KAM
Peter Hammer Verlag

Ute Krause
MINUS DREI
wünscht sich ein Haustier
Ein Vorlesebuch

Markus Orths
Kerstin Meyer
Das Zebra
unterm Bett
Moritz

Kai Pannen
Zombert
und der mutige
Angsthase
TULIPAN ABC

Koen Van Biesen
MEIN
NACHBAR
LIEST EIN BUCH
Mit
Musik-CD
nextvision

In einer **Bücherei**
stehen noch viel mehr Bücher.
Dort kannst du Bücher, Zeitschriften,
Hörspiele und Filme ausleihen.

Achte auf Ollis
Buchtipps!

Zusammen sind wir stark

Mäx ist neu in der Klasse 2 b.
Mäx ist der Kleinste.
Er hat ein bisschen Angst.

„Was wollt ihr von mir?"
„Wir wollen, dass du
den Wurm schluckst!"

Diese gemeinen Typen!
Gegen sie ist Mäx
nicht stark genug.

Mäx hat eine Idee.
Er will nicht mehr
alleine gehen.

Alle helfen Mäx,
alle Kinder der 2 b.

„Jäääääääh!", jubelt die 2 b.
Zusammen sind wir stark! ◈

nach Christa Zeuch

Streit um Nessi

Nessi ist neu auf dem Schulhof.
Nessi hängt an dicken Seilen
an einem Holzgerüst.
In der Pause wollen alle
5 in ihrem Nest schaukeln.
Doch nur die schnellsten Kinder
ergattern einen Platz:
Janne und Emin.

Ella und Toni wollen auch
10 schaukeln. Aber Janne und
Emin wollen nicht absteigen.
Ella wird wütend:
„Das ist unfair! Nie lasst ihr
uns auf Nessi!"
15 Emin grinst:
„Pech gehabt! Dann müsst ihr
eben schneller sein."

Oskar und Luise kommen
auf die Schaukel zu. Die beiden
20 sind Streitschlichter.
„Was ist denn hier los?",
fragen sie freundlich.
Toni und Janne
antworten gleichzeitig:
25 „Wir wollen auch mal …"
„Wir waren zuerst da!"

Oskar bleibt gelassen:
„Hey, ganz ruhig.
Einer nach dem anderen."

30 Er schaut zu Janne und Emin:
„Besetzt ihr Nessi schon
die ganze Pause?"
Die beiden sehen sich an:
„Ja!"
35 Oskar wendet sich zu Ella
und Toni:
„Und nun möchtet ihr gerne
übernehmen?"
Die beiden nicken.

40 Luise schaut auf die Uhr:
„Die Pause ist nun halb vorbei."
Oskar hält Nessi an.
„Überlegt gleich gemeinsam
in der Klasse, wie ihr
45 es schafft könnt, die Schaukel
in der Pause gerecht aufzuteilen.
Sonst gibt es morgen
wieder Streit."

Ich kann auch
ohne Schaukel
fliegen.

2

Warum ich zu spät gekommen bin

„Und? Warum bist du heute
Morgen zu spät gekommen?"
„Ähm, … das ist eine lange
Geschichte …

5 In der Früh haben sich
Riesenameisen über mein
Frühstück hergemacht.
Deshalb bin ich zu den
Nachbarn gegangen, um mir
10 Brot zu leihen.

Auf dem Weg zur
Bushaltestelle haben mich
gemeine Ninjas angegriffen.
Bevor ich schnell auf mein
15 Skateboard springen konnte,
bin ich von unheimlichen
Maulwürfen geschnappt
worden."

„Aha. Und deswegen bist du
20 zu spät gekommen?"

„Nein, ich konnte ganz einfach
entkommen. Es war nur so,
dass ich plötzlich geschrumpft
bin! Und dann wurde ich
25 wieder riesengroß! Deshalb
entschloss ich mich, einfach
drei riesige Schritte zur Schule
zu machen. Aber beim zweiten
Schritt bin ich wieder auf meine
30 normale Größe geschrumpft
und in einem Teich gelandet,
in dem ich mich aus einem
seltsamen BLOB befreien
musste.

35 Nachdem ich den BLOB
endlich losgeworden bin, hat
ein Elefant mit seinem Rüssel
nach mir gegrapscht …
Da die Elefantenherde genau
40 in der richtigen Richtung
unterwegs war, hätte ich
es sogar noch pünktlich
zur Schule schaffen können.
Aber es gab leider einen
45 unglücklichen Zwischenfall
mit einer Maus …

Und dann bin ich einem
kleinen Mädchen begegnet,
das mich bat, den Weg
50 zum Haus seiner Großmutter
zu finden."

„Und deshalb bist du also
zu spät gekommen?"

„Oh, nein! Ich war sogar
55 eigentlich pünktlich. Aber
ich hatte meinen Rucksack
vergessen.

Also bin ich wieder zurück
nach Hause gegangen.
60 Um dann pünktlich
in der Schule zu sein,
habe ich die Zeitmaschine
meines Onkels benutzt,
aber irgendetwas
65 ging dabei schief …
Und DESWEGEN bin ich
zu spät gekommen." ◇

Davide Cali

Was ist dir schon einmal
auf dem Schulweg passiert?

Ich habe fast einen Hund

Morgens in der Schule
hat Herr Rieger gesagt,
jetzt wollen wir mal
über Haustiere sprechen.

5 Fabi hat einen Wellensittich.
Thomas hat drei Goldfische.
Anna hat einen Hamster.
Lena hat gesagt, sie hat
eine Katze bei ihrer Oma.

10 Nur ich hab natürlich gar
nichts gesagt, ich hab ja
kein Tier. In der Schule
habe ich es plötzlich
so ungerecht gefunden.

15 „Hat sonst noch jemand
ein Tier?", hat Herr Rieger
gefragt. Da hab ich mich
einfach gemeldet.

„Ich habe einen Hund",
20 hab ich gesagt und als ich
es gesagt hab, hab ich
es selber fast geglaubt.

„Sie lügt!", hat Andi
geschrien.

25 Und ich hab gesagt:
„Ich lüg gar nicht!"

„Du hättest sicher gerne
einen Hund, Lisa", hat Herr
Rieger ganz lieb gesagt.

30 Da hab ich fast angefangen
zu heulen, und ich hab
gedacht, wenn ich achtzehn
bin, kauf ich mir jede Wette
einen Hund. ◈

Kirsten Boie

Mit Papa im Zoo

Sonntagmorgens weckt Papa
alle mit donnerndem Getöse:
„Genug geschlafen!
Ich will in den Zoo!"

5 Sobald wir drinnen sind,
geht die Verfolgungsjagd los.
„Warte auf mich, Papa!"
Aber Papa schneidet
Grimassen für die Gorillas,
10 erschreckt die Schildkröten
und äfft die Pinguine nach.

„Junge! Ich will ein Eis!"
Ich erkläre ihm, dass es dafür
noch zu früh ist, aber er
15 schmeißt sich auf den Boden
und läuft vor Wut rot an.

„Papa! Guck mal! Ein
Stachelschwein ist ausgebüxt!
Da ist es langgesaust!"

20 Juhu! Papa vergisst die
Eiskugeln. Zwei Minuten lang
jagen wir das Stachelschwein,
das ich mir ausgedacht habe.
Aber verflixt! Papa entdeckt
25 sein Lieblingstier. Er zieht
zum Gruß seinen Hut.
Mit dem Rüssel greift der
Elefant zu. Papa muss laut
lachen, ich nicht. Es ist
30 immerhin schon der achte Hut,
den er im Zoo verliert.

Schließlich müssen wir den
Tieren „Tschüss" sagen.
Den Chamäleons, den Tapiren,
35 den Papageien. Papa will
auf keinen Fall jemanden
vergessen!
Deshalb müssen wir noch mal
durch den ganzen Zoo laufen,
40 ich bin völlig fertig … ◈

Coralie Saudo

Der erste Auftrag

Der Dinosaurier Minus wünscht sich sehnlichst ein Haustier!
Doch seine Eltern glauben nicht, dass er sich schon allein
um ein Haustier kümmern kann. Minus will es beweisen:
Er bietet persönliche Haustierbetreuung an.

5 Am nächsten Morgen klingelte es.
Herr Fossil stand vor der Tür.
„Minus?", fragte er.
Minus nickte aufgeregt.
„Das ist T. R.", sagte Herr Fossil.
10 „Er riecht leider etwas streng.
Ob du ihn baden könntest?"
„Kein Problem", antwortete Minus.
Herr Fossil reichte Minus die Leine.
„Ich hole ihn in einer Stunde ab."
15 Minus ließ Wasser in die Wanne
laufen. Plötzlich jaulte T. R. laut auf
und sprang ins Wohnzimmer.

„Wahrscheinlich mag T. R.
nicht baden", dachte Minus.
20 „Deswegen stinkt er auch so."
Da hatte Minus eine Idee. Er ging
ins Bad und kippte die Flasche
mit Badezusatz ins Wasser.
Bald wuchs dort eine sehr schöne
25 Schneelandschaft. Dann holte
Minus eine Wurst aus dem Schrank
und warf sie in die schöne
Schneelandschaft. T. R. freute sich
über die Wurst und sprang ihr
30 hinterher.

Als Herr Fossil klingelte,
war T. R. frisch gebadet und
duftete nach Fichtennadeln.
Herr Fossil war sehr zufrieden.
35 „Bravo", sagte er zu Minus.
„Wie hast du das geschafft?"
Minus lächelte nur und bekam
fünf Muscheln für seine Mühe.

Kaum waren Herr Fossil und T. R.
40 fort, da klingelte das Telefon.
„Hier spricht Frau Meso.
Mein Topsilein braucht dringend
Auslauf. Hast du Zeit?"
„Bin gleich da", sagte Minus.

45 Später sagte Mama:
„Frau Meso und Herr Fossil
haben mir erzählt, wie gut du dich
um ihre Haustiere gekümmert hast."
Papa strahlte.
50 „Und deswegen haben wir
eine Überraschung für dich.
Du bekommst ein Haustier."
Papa holte etwas aus seiner
Tasche … Es war so klein, dass
55 Minus es nicht gleich erkannte.
„Das ist Lucy", sagte Papa.
„Ich glaube, ihr werdet euch
gut verstehen." ◇

Text und Bilder: Ute Krause

Was Minus noch erlebt,
kannst du hier lesen.

Familie

Lilli L'Arronge

Der rote Mantel

Amir erwachte und
war glücklich, dass der rote,
weiche Stoff noch da war.
Er kroch unter die Decke und
5 versuchte, wieder einzuschlafen.

Im großen Saal lagen viele
auf den Matratzen, Kinder und
Erwachsene. Einige hatten
Schlafsäcke bekommen,
10 andere hatten sich
in dicke Jacken eingewickelt.

Amir war mit seinem Vater
in diese fremde Stadt
gekommen. Jetzt war er
15 in diesem Haus, das wie eine
leere Schule aussah.

Eine freundliche Frau
stand plötzlich neben ihm.
Sie brachte eine Schale.
20 „Das ist eine Suppe",
sagte sie in seiner Sprache.
„Damit wird dir schön warm."

„Ich habe schon die rote
Decke", antwortete Amir stolz.
25 „Die hat mir ein Mann
geschenkt, draußen vor dem
Haus. Mir war ganz kalt und
der Mann hatte eine schöne
rote Decke.
30 Als er mich gesehen hat,
ist er stehen geblieben,
hat ein Taschenmesser
genommen und die Decke
auseinandergeschnitten.
35 Ganz vorsichtig.
Die eine Hälfte hat er mir
gegeben. Dann ist er
weitergegangen.
Ich weiß nicht einmal,
40 wie er heißt." ◇

Heinz Janisch

Ich würde ihn Martin nennen.

Warum Martin?

Am Tag, als Saída zu uns kam

Am Tag, als Saída zu uns kam, wusste ich sofort,
dass ich sie immer gernhaben würde.
Mit dem Finger malte ich ihr ein Willkommensbild
in den Schnee. Saída malte für mich
5 ein mondförmiges Lächeln. Und sie duftete
nach Orange, Datteln und Minze.

Am Tag, als Saída zu uns kam, erzählte Mama mir
von einem Land voller Wüsten und Palmen.
Mit dem Finger zeigte sie mir auf dem Globus
10 Saídas Heimat. Marokko stand darauf und ich sah,
dass es gar nicht so weit weg war.

So erfuhr ich, dass in Saídas Heimat eine andere
Sprache gesprochen wurde als bei uns: Arabisch.
Ich beschloss, dass ich Saída helfen würde, unsere
15 Wörter zu lernen. Außerdem wollte ich sie bitten,
mir ihre beizubringen.

Sonne

شمس

(schams)

Mädchen

بنت

(bint)

Regenbogen

قوس قزح

(qausquzah)

Junge

صبي

(sabi)

Wie die Mädchen
Freundinnen werden,
liest du hier.

Brot

خبز

(khobz)

Wir erfuhren, dass es in jeder Sprache Wörter gibt,
die so warm sind wie der Atem und so kalt
wie Metall. Wörter, die verbinden, und Wörter,
20 die zum Lachen bringen. Wörter, die kitzeln,
wenn sie ausgesprochen werden.
Ich lachte, wenn meine Zunge sich zu einem V
verknotete. Saída hustete, wenn ihr ein F
zwischen den Zähnen stecken blieb.

25 Es ist einige Zeit vergangen, seit Saída zu uns kam.
Jetzt ertönt jeden Morgen Saídas Stimme.
Ihr Lachen ist zu hören. Und aus ihrem Mund
erklingen Wörter in allen Formen, Klängen und
Größen. ◇

Text: Susana Gómez Redondo, Bild: Sonja Wimmer

Pssst!

Pssst! Ruhe.
Der Nachbar liest.
Der Nachbar liest ein Buch.

Hole einmal Luft
und mache pssst,
so lange, wie du kannst.

BOING BOING
5 Das Mädchen spielt.
Das Mädchen spielt mit dem Ball.

Prelle unterschiedliche
Bälle auf den Boden.

KLOPF
Der Nachbar klopft.

Klopfe auf den Tisch.

Pssst! Ruhe.
10 Der Nachbar liest.
Der Nachbar liest ein Buch.

Singe das LA-LA-LA
hoch und tief.

LA-LA-LA
Das Mädchen singt.
Das Mädchen singt ein Lied.

Klopfe auf den Tisch.
Klopfe an die Tür.

15 **KLOPF KLOPF**
Der Nachbar klopft, wütend.

Pssst! Ruhe.
Der Nachbar liest.
Der Nachbar liest ein Buch.

TAMM TAMM TAMM
Das Mädchen schlägt.
Das Mädchen schlägt die Trommel.

Stampfe mit dem Fuß auf den Boden.

KLOPF KLOPF KLOPF
Der Nachbar klopft, sehr wütend.

Klopfe auf den Tisch, klopfe an die Tür, klopfe ...

KLACK KLACK KLACK

TRIPPEL TRIPPEL TRAPPEL

Was macht KLACK?

DOING DOING DOING

Was macht TRIPPEL TRAPPEL?

Pssst!
Der Nachbar liest.
Der Nachbar liest nicht mehr.

Was macht DOING?

Buch zu.
Jacke an.
Schal um.
Licht aus.

Der Nachbar hat eine Idee. ◇

Koen Van Biesen

Das Buch gibt es mit CD.

Matze tanzt ein Tor

Matze spielt gern mit seinem besten Freund Emil.

Gemeinsam fahren sie mit dem Roller um die Wette.

Sie bauen Straßen und Tunnel.

Aber Matze mag auch noch etwas anderes: Matze tanzt Ballett!

5 Matze spielt beim Fußball nie mit.

Er übt lieber Ballett.

Heute ist das Spiel der Raufbolde gegen die Kampfbolzer.

Doch bald steht es 0:1 für die Kampfbolzer.

Matze steht am Spielrand und drückt die Daumen.

10 Dann endlich: Ole, der Star der Raufbolde, ist am Ball.

Er setzt zum Schuss an und – WUMMS! – landet auf dem Hintern.

Ole ist verletzt und kann nicht weiterspielen.

Da steht Matze! Mitten auf dem Spielfeld.

Der Ball hüpft ihm direkt vor die Füße.

15 Und plötzlich weiß Matze, was zu tun ist.

Geschickt balanciert er den Ball

auf seinen Füßen, dreht sich

mit einer Pirouette an Berni vorbei

und tänzelt über Olaf hinweg.

20 Die Kampfbolzer sind starr vor Staunen.

Mit einem gestreckten Spagat nimmt Matze Anlauf

und

TOOOOR!

Anne-Kathrin Behl

Das kaputte Internet

„.... und nun die Nachrichten: Das Internet ist anscheinend kaputt. Das ganze Internet ... Auf der ganzen Welt. Noch ist vollkommen unklar, wer oder was das Internet kaputt gemacht hat ..."

„Die Oma war's!", sagte der Opa.

5 „Quatsch", sagten Luisa und Max.

„Nur aus Versehen", sagten Tiffany und die Oma.

Dann kam Mama nach Hause. Viel früher als sonst.
„Das Internet ist kaputt", sagte Mama. „Deswegen hat
meine Agentur für heute zugemacht."

10 Papa kam kurz nach Mama nach Hause.
„Draußen herrscht voll das Chaos", sagte er. „Das Internet ist kaputt."
„Wissen wir!", sagten alle.

Dann saßen sie da. Keiner wusste, was er tun sollte.
Wie hatte die Oma es geschafft, das Internet kaputt zu machen?

15 „Schade, dass die Musik nicht mehr geht", sagte Luisa.
„Wir können doch selber Musik machen", sagte Opa.

Das brachte Max auf eine Idee. Er nahm sich die Mülltonne
aus der Küche, begann darauf rumzutrommeln
und brüllte alles heraus, was ihm nicht gefiel.

20 Opa spielte dazu auf seiner Mundharmonika.
Papa war plötzlich verschwunden. Als er wiederkam,
hatte er seine E-Gitarre und seinen Verstärker dabei.
Jetzt wünschte sich jeder ein Lied und
alle sangen mit, so gut sie konnten. ◇

Marc-Uwe Kling

Unterm Bett

Hanna schlug die Augen auf.
Irgendetwas hatte sie geweckt.
Hanna blickte sich um. Nichts. Niemand.
Da hörte sie wieder dieses Husten.
5 Das war hier. Im Zimmer! Bei ihr.

Hanna besaß ein Hochbett.
Darunter befand sich ihre Höhle.
Die Höhle war mit Tüchern verhängt.
Hannas Herz klopfte, als sie die Tücher
10 mit einem Ruck beiseitezog.

Zwischen dem Spielzeug und den Kleidern
lag – ein Zebra. Ein echtes Zebra.
„Hallo!", sagte Hanna.
„Hallo, Hanna!", sagte das Zebra.
15 „Tut mir leid, wenn ich dich geweckt habe.
Ich muss mich wohl erkältet haben."
„Wie bist du denn überhaupt reingekommen?",
fragte Hanna. „Wir sind doch hier im ersten Stock!"
„Zebras können klettern!", sagte das Zebra.
20 „Das weiß aber niemand, weil wir
nur heimlich klettern." ◇

Markus Orths

Im Buch steht,
wie es weitergeht!

Mathildas Monster

In Mathildas Klasse waren Monster gerade total angesagt.
Aber Mathilda hatte keines. Noch nicht.
Das Monster musste einen finden. So war das.

Aber Mathilda machte sich noch keine Sorgen.
5 Ihr Monster würde sie sicher bald finden, trösteten ihre Eltern.

Doch am Ende der Woche hatte sich ihr Monster
immer noch nicht gezeigt.
Mathilda fing an, sich ganz fürchterlich zu ärgern.
Wo blieb ihr Monster? Warum trödelte es nur so?

10 „Mir reicht's", sagte Mathilda am nächsten Morgen.
„Ich werde jetzt mein Monster suchen."
Sie suchte überall.
Sie suchte die ganze Zeit.
Aber sie konnte ihr Monster nicht sehen.
15 Sie schloss ihre Augen
und stand ganz still da.
Dann holte sie tief Luft
und schrie,
so laut sie konnte:

Michelle Knudsen

Die Mutprobe

Einsam und verlassen liegt der urururalte Friedhof
am Rande der Stadt.
Kein Mensch traut sich darauf.
„Denn dort spukt es", sagen die Leute.
5 Niemand würde freiwillig hierherkommen.
Außer für eine Mutprobe.
Konrad muss so eine Mutprobe bestehen.

Die großen Jungs aus seiner Straße haben ihn
einen Angsthasen genannt. Das will er nicht
10 auf sich sitzen lassen. Er steht ganz nah
an einer Gruft und ihm schlottern vor Angst die Beine.
Mit einem Mal raschelt und rappelt es drinnen.
Irgendetwas ist aufgewacht. Konrad rennt, so schnell
er kann, und versteckt sich im Gebüsch.

15 Es quietscht und knarrt. Langsam öffnet sich
das schwere Tor der Gruft.
Zuerst springt ein kleiner Hund heraus. Er hat einen Stock
im Maul. Dahinter kommt ein Junge aus der dunklen Gruft.
„Was für ein schöner Tag", ruft er.
20 „Ein Zombie!", denkt Konrad ängstlich.

Der Hund lässt den Stock fallen.
Der Zombie hebt ihn auf und ruft:
„Los, Waldi, hol das Stöckchen."
Dann wirft er mit aller Kraft.
25 Aber nicht nur der Stock fliegt
davon. Auch sein Arm segelt
in hohem Bogen und landet
mitten in einem Gebüsch.

„Hier muss er doch irgendwo sein",
30 sagt Zombert.
Da hört er eine Stimme aus dem Gebüsch.
„Ahhh, lass los. Tu mir nichts!"
Neugierig schleicht sich Zombert heran.

Mit einem lauten Wumm stürzt Konrad heraus
35 und fällt direkt vor Zomberts Füße. Konrad
zappelt hin und her, denn der verlorene
Zombie-Arm packt ihn fest am Kragen.

Zombert fällt vor Lachen auf den Po.
„Wie heißt du?", fragt Zombert.
40 „Konrad. Und du?", sagt Konrad
mit zitternder Stimme.
„Zombie-Norbert. Aber nenn mich
einfach Zombert. Kann ich meinen Arm
zurückhaben?"
45 „Nichts lieber als das. Tut dir das
nicht weh?", fragt Konrad.
„Nein, überhaupt nicht. Zombies verlieren oft
mal ein Körperteil", erklärt Zombert und steckt
den Arm zurück in seine Schulter.
50 „Ich kann auch meine Beine abnehmen.
Sogar meinen Kopf oder nur die Nase",
sagt Zombert.
Konrad staunt nicht schlecht, als Zombert
ihm seine Kunststücke vorführt.
55 „Das will ich auch können", ruft Konrad. ◇

Text und Bilder: Kai Pannen

Greif-Hals-Zombert

Hier kannst du lesen, wie die Geschichte weitergeht.

Sachtexte
sind nie ausgedacht.

Sachtexte geben Antworten auf W-Fragen.

Sachtexte informieren dich
über Tiere, Pflanzen und Menschen.

Sachtexte erklären dir,
wozu wir Geräte brauchen.

Sachtexte beschreiben genau,
wie etwas gemacht wird.

Sachtexte stehen zum Beispiel
in **Sachbüchern**.
Ein Buch über Tiere oder Pflanzen
ist ein Sachbuch.
Auch ein **Lexikon** und ein **Kochbuch**
sind Sachbücher.
Steckbriefe, **Anleitungen** und **Rezepte**
sind Sachtexte.
Sachtexte findest du auch im **Internet**.

In diesem Kapitel bekommst du
Antworten auf die W-Fragen:
Was spielen Kinder in der Türkei?
Welches Tier jagt nachts Insekten?
Wie kannst du Plastikmüll vermeiden?
Welche Superkraft haben Pflanzen?
Wofür nutzen wir das Internet?

Nasengruß und Wangenkuss

So begrüßen sich Menschen
in verschiedenen Ländern:

In Frankreich
küssen sich die Menschen
5 auf die Wangen.

In Japan
verbeugen sich die Menschen
zur Begrüßung.

In Neuseeland
10 legen die Maori zur Begrüßung
Stirn und Nase aneinander.

In arabischen Ländern
legen die Menschen
nach einem sanften Händedruck
15 die rechte Hand aufs Herz. ◇

Anne Kostrzewa

Wer Schnupfen hat oder erkältet ist,
begrüßt sich mit Abstand!

Beş taş: Fünf Steine

Ein Spiel aus der Türkei
für zwei oder mehr Kinder.

Ihr braucht fünf Kieselsteine.

So spielt ihr:
Setzt euch auf den Boden. Ihr dürft nur mit einer Hand spielen!
Ein Kind fängt an. Das Kind verteilt vier Steine auf dem Boden.
Ein Stein ist der Wurfstein.

Das Kind wirft den Wurfstein in die Luft.
Bevor es den Wurfstein wieder auffängt, muss das Kind
ganz schnell einen Stein vom Boden aufheben.

Wenn das geschafft ist, dann legt das Kind den Stein zur Seite.
Das Kind wirft den Wurfstein noch einmal in die Luft und
versucht in der Zeit, den nächsten Stein vom Boden zu greifen.
Wenn der Wurfstein zu Boden fällt, dann ist das nächste Kind dran.

In der zweiten Runde müsst ihr
zwei Steine auf einmal aufheben.

In der dritten Runde müsst ihr
drei Steine auf einmal aufheben.

Und in der vierten Runde …

VIER!

Feste feiern

Auf der ganzen Welt wird gerne gefeiert. Die Feste,
die Menschen begehen, sind aber überall unterschiedlich.
Viele Feste erinnern an die Geschichte eines Landes
oder seine Kultur. Und es gibt Feste, die werden gefeiert,
5 einfach weil es großen Spaß macht, zusammen fröhlich
zu sein.

Beim Karneval in Brasilien ziehen Tausende Menschen
mit prachtvollen glitzernden Kostümen durch die Stadt
Rio de Janeiro. Sie singen, trommeln und tanzen
10 auf den Straßen.

Am 31. Oktober feiern viele Kinder Halloween.
Sie verkleiden sich mit gruseligen Kostümen, erzählen
sich Spukgeschichten und ziehen von Haus zu Haus.
Dort bekommen sie Süßigkeiten. Ursprünglich sollten
15 die Kostüme böse Geister vertreiben.

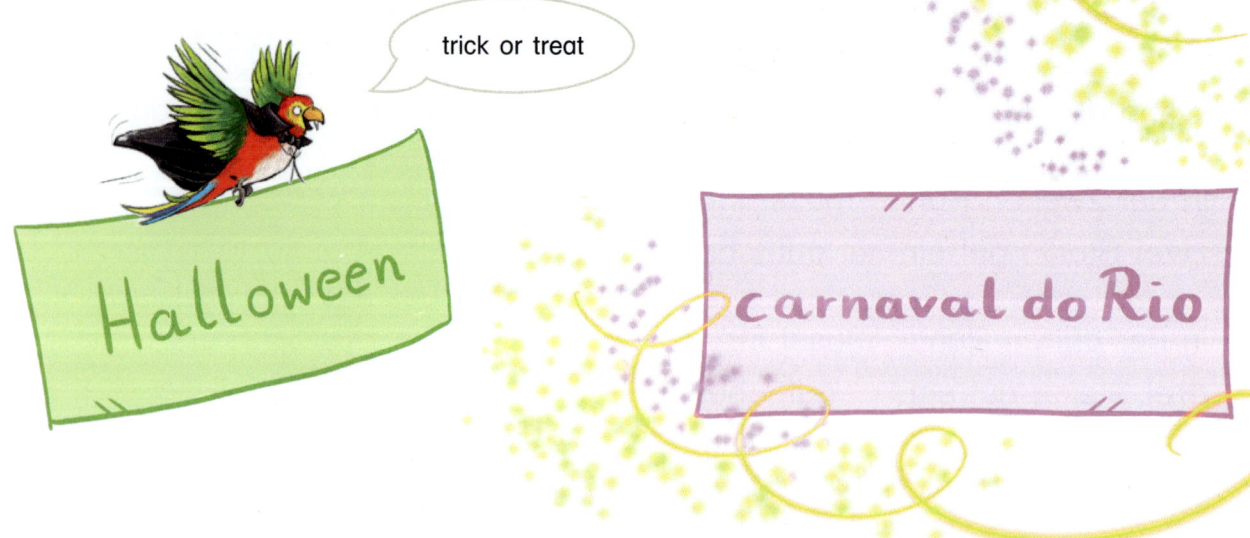

trick or treat

Halloween

carnaval do Rio

Das Neujahrsfest in Thailand ist im April und es geht
dabei ganz schön nass zu! In der Anfangszeit gossen
die Jüngeren zum Fest nur parfümiertes Wasser
in die Hände ihrer Eltern und Großeltern, um sie zu ehren.
20 Mittlerweile liefern sich die Menschen mit Wasserbomben
und Spritzpistolen lustige Wasserschlachten.

Die Niederländer feiern jedes Jahr ihren König.
Man kleidet sich in Orange und schmückt seine Stadt,
denn der König kommt zum Königstag zu Besuch.
25 In jedem Jahr in eine andere Stadt.

In Indien haben Kinder beim Holi-Fest besonders viel
Spaß: Um das neue Jahr zu feiern, ziehen sich alle weiße
Kleider an und bewerfen sich mit buntem Farbpulver.
Zum Farbenfest sind alle Menschen gleich:
30 bunt und fröhlich. ◇

Anne Kostrzewa

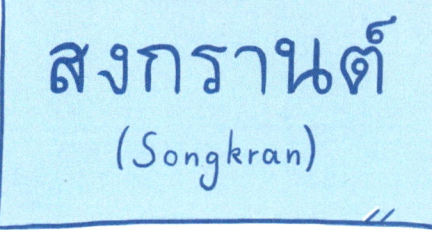

Was hast du heute gegessen?

Nudeln mit Tomatensoße, einen Apfel und Pfannkuchen.

Marmorkuchen.

Nino aus Deutschland

Birta aus Island

Reis mit Seetang-Suppe.

Ji-hu aus Südkorea

Obstsalat, Suppe und Grünkohl mit Wurst.

Milla aus Deutschland

Zu Abend habe ich Injera mit Gemüse gegessen.

Hymanot aus Äthiopien

Wurst und Erdbeeren.

Hector aus Frankreich

Finde heraus: Was ist Seetang? Was ist Injera? Du kannst die Wörter auch in eine Kindersuchmaschine eingeben.

Eier-Pfannkuchen

Zutaten (für 4 Eier-Pfannkuchen)

- 250 Gramm (g) Mehl
- 4 Eier
- 300 Milliliter (ml) Milch
- 50 Milliliter (ml) Mineralwasser
- 2 Esslöffel (EL) Öl

Küchengeräte

- große Schüssel
- Mixer
- beschichtete Pfanne
- große Kelle
- flacher Topfdeckel

Zubereitung

1. Teig:

- Gib nacheinander das Mehl, die Eier,
  die Milch und das Mineralwasser in die Schüssel.
- Verrühre alles mit dem Mixer zu einem glatten Teig.
  Wichtig: Der Teig muss danach 20 Minuten ruhen.

2. Pfannkuchen:

- Erhitze das Öl in der Pfanne.
- Gib für <u>einen</u> Pfannkuchen
  <u>eine</u> Kelle Teig in die Pfanne.
- Backe den Pfannkuchen bei mittlerer Hitze
  ungefähr 2 Minuten, bis der Teig fest wird.
- Lass den Pfannkuchen aus der Pfanne
  auf den Topfdeckel gleiten.
  Drehe den Topfdeckel über der Pfanne um.
  Backe den Pfannkuchen von der anderen Seite.
  Der Pfannkuchen ist fertig, wenn
  beide Seiten goldbraun sind.

Pfannkuchen schmecken mit süßem oder salzigem Belag!

Einfach Apfelscheiben mitbacken, mmh, lecker!

Allesfresser

Schon unsere Vorfahren in der Steinzeit, die Jäger und Sammler, waren Allesfresser. Sie jagten Tiere und sammelten Früchte. Die Steinzeitmenschen mussten immer dorthin gehen, wo sie etwas zu essen fanden.

Heidelbeeren

5 Dann haben sie das Feuer entdeckt und das Kochen erfunden. Dadurch wurden manche Früchte überhaupt erst genießbar. Außerdem wurde gekochtes Essen nicht so schnell schlecht. Die Menschen konnten es besser aufbewahren und länger an einem Ort bleiben.

Der Mensch ist das einzige Lebewesen, das kocht!

IM ANGEBOT: WURST

¹⁰ Früher haben die Menschen vieles selbst gemacht.
Sie kannten die Kuh, deren Milch sie tranken,
und schlachteten das Tier selbst, das sie essen wollten.
Heute kaufen viele Menschen ihr Essen
fertig abgepackt im Laden. ◈

Text: Alexandra Maxeiner, Bilder: Anke Kuhl

Wie könnt ihr Plastikmüll noch vermeiden? Sammelt Tipps.

Eingepackt – ausgepackt – Müll!

Durch Verpackungen werden Lebensmittel geschützt
oder sind länger haltbar. Viele Verpackungen sind
aber unnötig. Sie verursachen jede Menge Müll.
Plastikmüll belastet unsere Umwelt besonders stark.

Tipps, wie du Plastikmüll vermeiden kannst:
- Rucksack oder Tasche statt Plastiktüte verwenden,
- wiederverwendbare Trinkflasche benutzen,
- Obst und Gemüse ohne Plastikhülle kaufen,
- Eis in der Waffel statt aus dem Becher schlecken,
- Selbstgemachtes statt Fertiggerichte essen.

Was fliegt durch die Nacht?

Mit etwas Glück kannst du
diese Tiere entdecken, wenn es
Abend wird: Fledermäuse.
Man sieht oft nur kleine Schatten,
5 wenn die Fledermäuse
durch die Luft flattern.
Fledermäuse sind richtige Flug-Künstler.
Fledermäuse sind aber keine Vögel.
Fledermäuse sind Säugetiere.
10 Sie sind die einzigen Säugetiere,
die fliegen können!

Vögel	Säugetiere
haben Federn	haben Fell oder Haare
legen Eier	wachsen vor der Geburt im Bauch der Mutter heran
brüten Eier aus	(fast alle) bekommen lebende Kinder
füttern die Jungen zum Beispiel mit Würmern oder Käfern	saugen bei der Mutter Milch

Kennst du einen Vogel, der nicht fliegen kann?

Die Zwerg-Fledermaus

Die Zwerg-Fledermaus fliegt nachts im Zickzack-Flug
durch die Luft. Dabei fängt sie Nachtfalter und
andere Insekten.
Sie stößt Ultraschall-Schreie aus, die wir Menschen
5 nicht wahrnehmen können. Die Schreie
prallen von Gegenständen als Echo zurück.
Die Fledermaus hört das Echo und erkennt sogar
die Entfernung zum Gegenstand. So nimmt sie
selbst in völliger Dunkelheit Hindernisse wahr
10 und findet Insekten. ◇

Katharina Rotter

Die Hummel-Fledermaus
gehört zu den leichtesten
Säugetieren.
Sie lebt in Thailand.
Sie wiegt nur 2 Gramm.

Welches Tier kann
das nur sein?

Das schwerste Säugetier
kann 200 Tonnen wiegen.
Dieses Säugetier lebt im Meer.
Es ist das größte Tier,
das es auf der Welt gibt!

Der eine schläft, der andere ist wach

Beinahe alle Tiere haben einen festen Stundenplan
für Schlafen, Fressen und Nichtstun. Die einen sind
tagsüber wach und schlafen nachts. Andere sind in der
Nacht munter und verschlafen dafür den hellen Tag.

5 Die Kohlmeise begrüßt die Sonne am Morgen mit einem
Lied. Zum Frühstück sucht sie sich Raupen und Mücken.
Zwischen den Mahlzeiten putzt die Meise ihr Gefieder
und passt gut auf, was um sie herum vor sich geht.
Denn natürlich sind am Tage auch ihre Feinde unterwegs.
10 Wenn es dunkel wird, zwitschert die Meise ihr Abendlied.
Dann steckt sie den Kopf unter den Flügel und schläft.

Die meisten Tiere kann man in der Abenddämmerung
sehen. Vorsichtig klettert die Waldmaus aus ihrem Nest.
Wie die meisten Nachttiere besitzt sie nicht nur eine feine
15 Nase, sondern auch gute Ohren. So hört sie das leiseste
Rascheln und kann sich vor dem Fuchs und ihren anderen
Feinden rechtzeitig verstecken. Wenn der Morgen dämmert,
schlüpft die Waldmaus in ihr Nest. ◇

Una Jacobs

Steckbrief: Kohlmeise

Name:	Kohlmeise
Größe:	12 bis 14 Zentimeter
Gewicht:	zwischen 15 und 20 Gramm
Alter:	bis zu 5 Jahre
Aussehen:	schwarzer Kopf mit weißen Wangen, gelber Bauch mit schwarzem Streifen, grünlicher Rücken, blaugraue Flügel
Nahrung:	Käfer, Spinnen, Insektenlarven, im Winter vor allem Körner
Natürliche Feinde:	Falken, Elstern, Sperber, Krähen, Katzen
Paarungszeit:	Februar/März bis Mai/Juni
Gelege:	5 bis 12 Eier, einmal bis zweimal im Jahr
Besonderheit:	macht andere Vogelrufe nach

Die Kohlmeise hat ihren Namen von den schwarzen Kopffedern.
Sie sind schwarz wie Kohle.

Feuerbohnen wachsen lassen

1. Die Feuerbohne bildet Wurzeln.

Folie
Küchen-
papier
Bohnen-
samen
Schale

Stelle die Schale
an einen sonnigen Ort.
Gieße die Bohne.
Das Küchenpapier
muss immer feucht sein.
Warte zwei Wochen.

2. Die Bohne wird eingepflanzt.

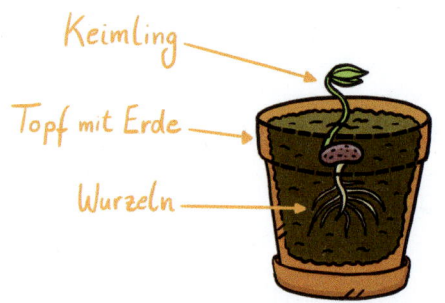

Keimling
Topf mit Erde
Wurzeln

Setze den Keimling in die Erde.
Die Wurzeln sind unten.
Der grüne Trieb, aus dem
die Pflanze wächst, ist oben.
Drücke die Erde fest an.

3. Die Pflanze wächst.

Gieße deine Bohnenpflanze.
Ende Mai kannst du die Pflanze
draußen einpflanzen.
Im Sommer blüht die Pflanze
und es wachsen grüne Bohnen.
Im Herbst werden die Bohnen gelb.
Jetzt kannst du neue Samen ernten.

Der Kreislauf des Lebens

Aus kleinen Samen werden große Bäume und
aus großen Bäumen fallen kleine Samen.
Das Leben der Pflanzen ist ein ständiger Kreislauf.

Wenn ein Samenkorn in feuchter, warmer Erde liegt,
5 wachsen daraus Triebe und Wurzeln.
Der Samen keimt.

Die Wurzeln wachsen nach unten und
suchen dort nach Nahrung und Wasser.
Die Triebe wachsen nach oben, dem Licht entgegen.

10 Aus den Trieben werden Stämme,
die größer und fester werden.
Die Stämme geben der Pflanze Halt.

Aus ihnen sprießen später Zweige und Blätter,
Blüten und Früchte mit neuen Samen. ◇

Libby Walden

Experiment: blauer Sellerie

Du brauchst:
- eine Selleriestange mit Blättern
- flüssige blaue Lebensmittelfarbe
- ein großes Einmachglas

So geht's:
- Fülle das Glas zu einem Viertel mit Wasser.
- Gib 10 Tropfen Lebensmittelfarbe dazu
  und rühre um.
- Schneide das untere Ende der Selleriestange ab.
- Stelle die Selleriestange in das Glas.
- Beobachte die Blätter: nach 10 Minuten,
  nach 2 Stunden, am nächsten Tag.

Was passiert?   Die Blätter der Selleriestange verfärben sich.

Warum?   Das Wasser und der Farbstoff
steigen in der Selleriestange
nach oben zu den Blättern.

> Noch mehr Experimente
> findest du hier.

So geht's weiter:
- Schneide ungefähr 2 Zentimeter
  vom unteren Teil der Selleriestange ab.
- Betrachte die Schnittstelle mit einer Lupe.

Die blauen Punkte sind die Röhren, über die
die Selleriestange das Wasser eingesaugt hat. ◈

Anita van Saan

Die Superkraft der Pflanzen

Pflanzen sind Nahrung für die meisten Erdbewohner.
Überall machen sich hungrige Tiermäuler über sie her.
Denk nur an Kühe, die Gras mampfen. Oder an Schnecken,
die über Nacht die zarten Pflänzchen wegputzen.
5 Es knabbert und schmatzt, es nagt und raspelt
an Zweigen und Blättern, an Samen und Früchten.
Aber die Pflanzen überleben.

Wie schaffen sie das?
Es hilft ihnen eine einzigartige und erstaunliche Fähigkeit.
10 Auch du hast sie schon oft gesehen. Kaum ist das Gras
gemäht, wächst es schon wieder nach! Pflanzen können
unaufhörlich wachsen, ihr ganzes Leben lang.
Meist werden sie ja nicht ganz zerstört. Dann nutzen sie
alle Kräfte, um die verlorenen Teile wieder zu ersetzen.
15 Vor allem auch die Blätter. Denn hier entstehen
mithilfe des Lichts die Nährstoffe, die sie zum Leben
brauchen. ◇

Una Jacobs

Geräusche machen

So kannst du Wetter-Geräusche machen:

Wind

Glasflaschen
mit Wasser

Regen

Luftballon mit
drei Reiskörnern

Hagel

Reis, der in eine Blechdose fällt

In jedem Film gibt es Geräusche, zum Beispiel
Wind, Regen, Schnee oder Schritte.
Die meisten Geräusche sind aber nicht echt.
Sie werden in einem Tonstudio erzeugt.
Das macht die Geräusche-Macherin oder
der Geräusche-Macher. Sie brauchen dafür
gute Ideen und viele verschiedene Dinge.

Fülle Sand in einen kleinen Stoffsack und knete den Sack.
Hörst du die Schritte im Schnee?

Hallo, wir sind auf Sendung!

Es ist Freitagmorgen, kurz vor der großen Pause.
Vier Kinder stürmen ins Lehrerzimmer der Schule.
Sie sind aufgeregt, denn sie machen heute
drei Minuten Schulradio.

5 Jeden Tag in der Woche haben sie sich getroffen
und überlegt, was sie berichten können.

Alex, Lea, Hassan und Muna
halten ihre Textzettel in der Hand.
Sie stellen sich hintereinander auf.

10 Die Schulleiterin drückt den roten Knopf
der Lautsprecheranlage. Nun können
alle im Schulhaus zuhören.
Nacheinander sprechen die Kinder
in das Mikrofon.

15 Alex fährt zuerst nach vorne und
übernimmt die Begrüßung.
Lea berichtet, was in den letzten Tagen los war.
Hassan erzählt den Witz der Woche.
Muna wünscht allen ein schönes Wochenende
20 und erinnert an den Umwelttag am Mittwoch.

Die Schulleiterin lässt den Knopf wieder los
und lächelt. Geschafft!
Nächste Woche werden vier andere Kinder
eine neue Sendung machen.

Wozu brauchen wir das Internet?

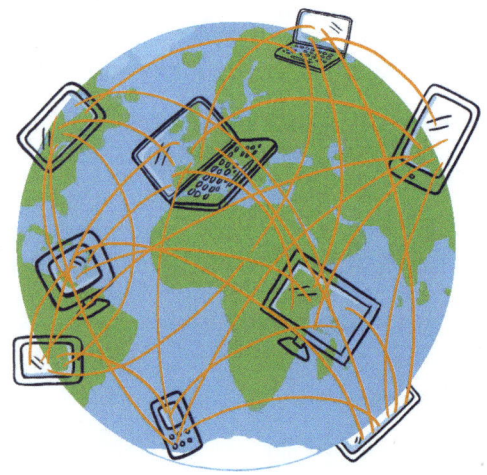

Das Internet ist wie ein großes unsichtbares Netz.
Es verbindet Computer, Smartphones und Tablets
auf der ganzen Welt miteinander. Du kannst mithilfe
des Internets zum Beispiel sehr schnell Nachrichten
5 an andere verschicken und von anderen erhalten.
Du kannst auch Bilder, Videos und Filme im Internet
anschauen oder sie mit einer Nachricht versenden.

Wenn du nach Informationen oder Bildern
zu einem bestimmten Thema suchst,
10 kann dir das Internet helfen. Es gibt im Internet
Kindersuchmaschinen, sie heißen zum Beispiel
„Blinde Kuh" oder „Frag Finn".
Die Kindersuchmaschine zeigt dir
die Internetseiten an, die für Kinder
15 geeignet sind.

Gib das Suchwort „Geräuschemacher" in eine Kindersuchmaschine ein.

Hat deine Schule eine Homepage?

Viele Schulen haben ihre eigene Homepage im Internet.
Auf dieser Internetseite stellt sich die Schule vor.

Hast du schon einmal eine E-Mail verschickt?

Eine E-Mail ist ein elektronischer Brief. Du schreibst die E-Mail
am Computer und benötigst dafür eine E-Mail-Adresse.
Ein Brief mit der Post ist mindestens einen Tag unterwegs.
Eine E-Mail braucht wenige Sekunden.

✉ Umwelttag

Senden	Anhang	Adressen	Schriften	📎 Anhang

An:	sylvi.sperrbach@beispiel.de
Kopie:	
Betreff:	Umwelttag

Hallo Sylvi!
Wann treffen wir uns zum Müllsammeln im Park?

> **Märchen**
> gibt es schon sehr lange.

Früher wurden Märchen nur erzählt.
Später schrieb man sie auf.

Viele Märchen beginnen mit dem Satz:
Es war einmal …

Im Märchen gibt es Hexen, Riesen,
Zwerge und andere Wesen.
Tiere können in Märchen sprechen.

In Märchen gibt es oft

    die Guten   und die Bösen.

Für die Guten enden Märchen immer gut.
Die Bösen werden bestraft.

Vor über 200 Jahren
lebten die Brüder
Jacob und Wilhelm Grimm
in Deutschland.
Sie ließen sich
Geschichten erzählen.
Diese schrieben sie auf.
So wurden die Brüder
Märchensammler.

Märchen gibt es in vielen Ländern.
Manche dieser Märchen ähneln sich.

Little Red Riding Hood   **Roodkapje**   **Rödluvan**
(englisch)   (niederländisch)   (schwedisch)

Hier geht es ins Märchenreich.

Rotkäppchen

Es war einmal ein Mädchen, das wurde Rotkäppchen genannt.

 „Kind, geh zur Großmutter. Bleib auf dem Weg.“

Rotkäppchen geht durch den Wald zur Großmutter.

 „Hallo, Rotkäppchen. Wohin gehst du?“

 „Zur kranken Großmutter.“

Rotkäppchen sieht Blumen tief im Wald.

 „Die Blumen bringe ich der Großmutter mit!“

Der Wolf läuft schnell zum Haus der Großmutter.

 „Ha, Großmutter! Jetzt fresse ich dich! Ich ziehe Großmutters Kleid an und lege mich ins Bett.“

Rotkäppchen kommt später zum Haus der Großmutter.

 „Großmutter! Warum hast du so große Augen?“

 „Damit ich dich besser sehen kann.“

 „Großmutter! Warum hast du so große Ohren?“

 „Damit ich dich besser hören kann.“

 „Warum hast du so ein großes Maul?“

 „Damit ich dich besser fressen kann!“

Wie geht das Märchen weiter?

Rotkäppchen ohne Worte

1)

2)

3)

4)

5)

◇ *Frank Flöthmann*

Der Wolf, der aus dem Buch fiel

Das Regal im Kinderzimmer war so vollgestopft mit Büchern,
dass eines Tages ein Buch zu Boden fiel. Heraus purzelte
ein Wolf, der sich verwundert umsah. In dem Buch war er
ein böser Wolf. Aber jetzt war er allein in dem fremden Zimmer.

5 Da bekam der Wolf solche Angst, dass er schnell in sein Buch
zurückschlüpfte. Aber er kam nicht weit. Ein Schaf warf ihn hinaus.
„Was willst du hier, Wolf? Du bist zu früh dran!", blökte es empört.
„Der böse Wolf kommt in dieser Geschichte noch nicht vor."

Der Wolf wollte weiter hinten in sein Buch schlüpfen,
10 aber dort versperrten ihm andere Wölfe den Weg.
„Kommst du auch schon?", knurrten sie. „Jetzt, wo die
Geschichte zu Ende ist? Hau bloß wieder ab!"

Wo sollte der Wolf jetzt hin? Endlich hatte er das oberste
Regalbrett erreicht und schlüpfte – schwupp! – in ein Buch.
15 Wo war er denn nun wieder gelandet? Hinter ihm stand
ein gigantischer Dinosaurier!
„Hier kannst du nicht bleiben, Kleiner", brummte der Dinosaurier.
„Du bist im falschen Zeitalter. Bei uns gibt es noch keine Wölfe."

Erschrocken sprang der Wolf aus dem Buch heraus.
20 Der Wolf rannte zum nächstbesten Buch und schlüpfte hinein.

Nun war er mitten in einem tiefen Wald gelandet.

„Hier bin ich richtig!", dachte der Wolf erleichtert.

Da entdeckte er plötzlich ein Mädchen.

Es hatte rote Kleider an und saß weinend auf einem Baumstamm.

25 „Was hast du denn?", fragte der Wolf.

Das kleine Mädchen seufzte.

„Ach, ich bin auf dem Weg zu meiner Großmutter.

Eigentlich soll ich hier auf den bösen Wolf treffen,

aber er kommt nicht. Und nun bin ich zu spät dran und

30 die ganze Geschichte ist vermasselt, deshalb weine ich."

„Aber jetzt bin ich doch da!", erwiderte der Wolf.

„Ich bin ein Wolf. Wenn du willst, kann ich

dir aus der Patsche helfen."

„Wirklich?", fragte das kleine Mädchen.

35 „Musst du nicht erst die sieben Geißlein fressen?

Oder ein paar Schafe verschlingen?"

„Nein, nein", sagte der Wolf. „Ich habe alle Zeit der Welt."

„Begleitest du mich dann zu meiner Großmutter?",

fragte das Mädchen. „Ich kann dir unterwegs

40 deinen Text beibringen."

„Einverstanden", sagte der Wolf. ◇

Thierry Robberecht

Stell dir vor, der Wolf aus der Geschichte steht vor dir. Wie hilfst du ihm aus der Patsche?

Die endlose Geschichte

Es war einmal ein König, der hatte eine schöne Tochter.
Der König sagte: „Wer mir eine endlose Geschichte
erzählen kann, darf meine Tochter heiraten."
Aber kein Prinz kannte so eine Geschichte.

5 Eines Tages ging ein armer Bursche zum König.
Der Bursche erzählte:
„Es war einmal ein Mann, der baute
eine riesige Scheune. Oben ließ er
nur ein winziges Loch offen. Dann füllte der Mann
10 die Scheune mit Getreide bis unters Dach.
Als die Scheune voll war, kam eine Heuschrecke
durch das Löchlein und holte ein Korn.
Dann kam die nächste Heuschrecke
und holte ein Korn.
15 Und dann kam die nächste Heuschrecke
und holte ein Korn."

Und für lange Zeit sagte der Bursche immer nur:
„Und dann kam die nächste Heuschrecke
und holte ein Korn",
20 bis der König die Geduld verlor und zornig sagte:
„Das ist ja eine endlose Geschichte!"
Da durfte der arme Bursche die Königstochter heiraten. ◇

Märchen aus Wales

Die drei Wünsche

Es waren einmal ein Holzfäller und seine Frau.

Sie waren arm und klagten immerzu.

Das hörte eine Fee im Wald und sie sprach:

„Ihr sollt nicht länger unzufrieden sein:

5 Drei Wünsche habt ihr frei. Überlegt gut,

wie ihr sie nutzen wollt."

Der Holzfäller und seine Frau waren glücklich!

Es war spät und der Holzfäller

war hungrig, da sagte er einfach:

10 „Ich wünschte, wir hätten jetzt eine schöne, lange Bratwurst."

Kaum hatte er es ausgesprochen, lag eine

prächtige Bratwurst vor ihnen. Die Frau schimpfte

mit ihrem Mann und nannte ihn einen Dummkopf.

Da wurde auch der Mann zornig und rief wütend:

15 „Ich wünschte, die Wurst wäre an deiner Nase festgewachsen!"

Da war auch der zweite Wunsch vertan – und der Frau

hing die Wurst an der Nasenspitze fest! Da schwieg

der Mann und traute sich nichts mehr zu wünschen.

Doch was blieb der armen Frau übrig?

20 Reich wollte sie sein, aber nicht

mit einer Wurst an der Nase!

„Ich wünschte, die Wurst wäre fort!"

Und so lebten der Holzfäller und seine Frau

arm und bescheiden bis an ihr Lebensende.

Märchen aus Frankreich nach Charles Perrault

Die Strohhüte im Schnee

Es waren einmal ein alter Mann und seine alte Frau.
Der Mann flocht Strohhüte. Sie hatten wenig zu essen
und ihre Kleider waren viel zu dünn für den Winter.
Der Alte beschloss, in die Stadt zu gehen,
5 um einige Strohhüte zu verkaufen.
Er nahm fünf Hüte und machte sich auf den Weg.

Die Stadt lag weit entfernt. Es war die Zeit vor Neujahr.
Die Stadt war voller Menschen, die ihre Einkäufe machten.
Aber niemand wollte dem Alten einen Strohhut abkaufen.
10 Es wurde Abend und er hatte noch keinen einzigen
Hut verkauft.

Als sich der Alte müde auf den Heimweg machte, sah er
vor einem Tempel einige Heiligen-Statuen stehen.
Schnee bedeckte die Köpfe der sechs steinernen Statuen.

15 „Bei dieser Kälte müssen sogar die Heiligen frieren",
dachte der alte Mann und blieb stehen.
Dann setzte er ihnen die Hüte auf,
die er nicht verkauft hatte.
Weil er nur fünf Hüte bei sich hatte,
20 es aber sechs Statuen waren,
schenkte der Alte einer Statue
seinen eigenen Hut.

Als der alte Mann nach einem langen Fußmarsch
zu Hause ankam, war er über und über
25 mit Schnee bedeckt.

„Was ist passiert?", fragte seine Frau erstaunt.
Der Mann erzählte ihr von den Statuen im Schnee
und den Hüten, die er ihnen geschenkt hatte.
„Du hast richtig gehandelt", sagte seine Frau.
30 „Wir sind arm, aber wir haben doch ein Dach
über dem Kopf. Lass uns damit zufrieden sein."

Sie saßen lange beim Feuer. Als es dunkel geworden war,
hörten sie ein Geräusch vor dem Haus. Der alte Mann
und die Frau wunderten sich. Sie öffneten die Tür.
35 Dampfende Schalen, gefüllt mit Reis und Fisch,
standen vor der Tür.
Die Alten traten vors Haus, um zu sehen, wer ihnen
diese Geschenke gebracht hatte. Da sahen sie
im dichten Schneetreiben die sechs Statuen, die sich
40 entfernten – jede mit einem Strohhut auf dem Kopf. ◈

Märchen aus Japan

Der Fischer und der Dschinn

In Beirut erzählte man sich von einem alten Fischer.
Immer hoffte er, einen großen Fang zu machen.
Doch der Fischer hatte nur wenig Glück.

Er warf sein Netz aus und wartete. Plötzlich wurde das Netz
5 mit einem starken Ruck tiefer auf den Meeresgrund gezogen.
„Das muss ein riesiger Fang sein", sprach er zu sich.
Er zerrte das Netz aus dem Wasser. Aber das Netz
enthielt keine Fische, sondern nur einen
verschlossenen Tonkrug. Er nahm sein Messer,
10 öffnete damit den Krug und schaute hinein.
Da stieg plötzlich eine große, dunkle Rauchwolke
aus dem Krug und formte sich zu einer Gestalt.
Es war das größte und furchteinflößendste Wesen,
das er jemals gesehen hatte. Es war ein Dschinn.

15 Der Dschinn beugte sich zu dem
zitternden Fischer herunter.
Er sprach mit tiefer, grollender Stimme:
„Hör gut zu, alter Mann! Heute ist der Tag,
an dem du sterben wirst!"
20 Ängstlich fragte der Fischer:
„Ich habe dir doch etwas Gutes getan und dich
aus diesem Krug befreit, warum willst du mich
dafür umbringen?"
Da antwortete der Dschinn:
25 „Vor 600 Jahren sperrte mich der König der Dschinn
in diesen Krug und ließ mich ins Meer werfen.
So wurde ich wütend. Also, wie willst du sterben?"

Der Fischer sah sich seinem Tode nah.
Da kam ihm jedoch eine Idee. Er sprach:
30 „Oh lieber Dschinn, ich kann dir nicht glauben.
So groß wie du bist, hast du doch niemals
in diesen Krug gepasst. Du bist ein Lügner."

Da schäumte der Dschinn vor Wut.
„Was sagst du da? Ich werde es dir zeigen!"
35 Immer höher stieg der Dschinn in die Luft und verwandelte
sich wieder in einen dunklen Wirbelsturm aus Staub
und Rauch. Immer schneller drehte er sich
und sank dann zurück in den Krug.

„Siehst du! Ich sagte die Wahrheit!", rief der Dschinn
40 ganz klein vom Boden des Kruges herauf.
„Ja, das sehe ich!", rief der Fischer erfreut,
griff nach dem Krug und verschloss ihn.
Da merkte der Dschinn, dass der Fischer
ihn überlistet hatte, und rief aus dem Krug:
45 „Bitte lass mich wieder heraus. Ich verspreche dir
alle Schätze der Welt!"
Da antwortete der Fischer:
„Ich brauche nicht alle Schätze der Welt.
Alles, was ich brauche, ist ein guter Fang."
50 Er holte weit aus und warf den Krug
zurück ins Meer, wo er mit dem Dschinn
auf den Meeresboden sank.

Der Fischer warf noch einmal sein Netz aus und
plötzlich zog und zerrte es an seinem Netz.
55 Noch nie hatte der Fischer
so einen großen Fang gemacht! ◈

Arabisches Märchen

Spielstücke
werden aufgeführt.

Jedes Kind spielt eine **Rolle**.
Alle zusammen spielen das Stück.
Das Publikum sieht zu.
Am Ende klatschen die Zuschauer Beifall.

Ein Greif hat
ganz lange Federn.

Ich spiele den Vater!

Der Wolf hat eine
tiefe Stimme.

Jede Rolle hat etwas Besonderes.
Du kannst ein **Kostüm** anziehen.

Du kannst deine Stimme verändern.

Du kannst dir Bewegungen ausdenken,
die zu deiner Rolle passen.

Spielstücke könnt ihr mit verteilten Rollen
lesen oder auswendig sprechen.

Manche Spielstücke könnt ihr auch
mit gebastelten Figuren spielen.

Für ein **Kamishibai** malt ihr Bilder.
Die Bilder steckt ihr in den Rahmen.
Dazu erzählt ihr die Geschichte.

1

2

Kamishibai kommt
aus Japan und bedeutet
Papiertheater.

3

4

Zum Strand!

„Heiß!", sagt Lutz.
„Schweiß!", sagt Butz.
„Schwül!", sagt Mats.
„Schwimmen?", fragt Fratz.

5 „Zum Strand!", sagt Lutz.
„Wo lang?", fragt Butz.
„Nach rechts", sagt Mats.
„Nach links", sagt Fratz.

„VERIRRT", seufzen Lutz, Butz, Mats und Fratz.
10 Sie strampeln heftig, sie strampeln wild,
sie suchen überall ein Schild.
Sie strampeln hüben, sie strampeln drüben,
sie strampeln in ein Feld mit Rüben.

„NICKERCHEN", sagen Lutz, Butz, Mats und Fratz.
15 Sie schlafen bis EINS.
Sie schlafen bis ZWEI.
Sie schlafen bis DREI
und bis VIER Uhr vorbei.

„Los!", sagt Lutz.

20 „Aber wohin?", fragt Butz.

„Da rauf", sagt Mats.

„Da rauf?", fragt Fratz.

„TRETEN!", sagen Lutz, Butz, Mats und Fratz.

„Sand!", sagt Lutz.

25 „Wasser!", sagt Butz.

„Wellen!", sagt Mats.

„Quallen", sagt Fratz.

„STRAND!", sagen Lutz, Butz, Mats und Fratz.

„Kein Schirm", sagt Lutz.

30 „Kein Eis", sagt Butz.

„Kein Korb", sagt Mats.

„Kein Mensch", sagt Fratz.

„KEINE SONNE!", schreien Lutz, Butz, Mats und Fratz.

Lutz, Butz, Mats und Fratz gucken hoch.

35 Lutz, Butz, Mats und Fratz lächeln.

Und sie schwimmen im Mondenschein. ◈

Patricia Lakin

Totti

Pekka: Darf Totti bei uns wohnen?

Mutter: Kommt nicht in Frage.

Pekka: Aber der Tierarzt hat gesagt,
dass er ein Zuhause braucht.

Mutter: Dann soll er ihm eins suchen.

Pekka: Aber Totti hat nur drei Beine.

Mutter: Und hier ist trotzdem kein Platz für einen Hund.

Pekka: Aber ich würde mich doch ganz allein
um ihn kümmern.

Mutter: Das sagt sich so leicht. Hunde brauchen
viel Aufmerksamkeit.

Pekka: Aber so kümmert sich gar niemand um ihn. Ist nicht
ein bisschen Aufmerksamkeit besser als gar keine?

Vater: Da sagt Pekka was Richtiges.

Mutter: Und du solltest dich lieber an unsere Absprache halten!
Ich kann hier nicht noch einen Dritten gebrauchen,
den ich bemuttern muss. Zwei Kinder im Haus sind genug!

Vater: Darf ich jetzt wieder in mein Zimmer?
Ich wollte noch ein bisschen Autorallye spielen. ◈

Timo Parvela

Vater und Sohn

„Tolles Spiel!
Wenn ich
das Monster kriege,
schaffe ich
das nächste Level!"

„Draußen scheint die Sonne
und du sitzt die ganze Zeit
hier drinnen.
Spiel doch draußen Fußball.
Das macht viel mehr Spaß!"

„Stimmt, draußen
Fußball spielen
macht echt Spaß!"

Idee und Bilder: Marc Lizano und Ulf K.

Wer hat mein Eis gegessen?

Mädchen *(mit einer großen Eistüte in der Hand)*:
„Wie soll ich bloß dieses Eis essen?
Soll ich es nach und nach aufschlecken oder
soll ich lieber kleine Happen abbeißen?
Wie kann ich es nur essen, ohne mich zu bekleckern?"

Ungeheuer *(springt hervor)*:
„Ich an deiner Stelle würde das Eis
von unten nach oben schlecken. Auf die Art kannst du
dich nicht bekleckern. Gib her, ich zeig' es dir!"

*Das Ungeheuer schleckt von unten nach oben
ein ordentliches Stück Eis weg.*

Mädchen *(hält jetzt eine kleinere Eistüte in der Hand)*:
„Ja, gut, danke."

*Gerade als das Mädchen auch von unten nach oben
an dem Eis lecken will, springt ein Greif hervor.*

Greif: „Ich an deiner Stelle würde das Eis
rundherum schlecken. Auf die Art kannst du
dich nicht bekleckern. Gib her, ich zeig' es dir!"

*Der Greif schleckt rundherum
ein ordentliches Stück Eis weg.*

Mädchen *(hält eine noch kleinere Eistüte in der Hand)*: „Ja, gut, danke."

Gerade als das Mädchen auch rundherum an dem Eis lecken will, springt eine Nixe hervor.

Nixe: „Ich an deiner Stelle würde das ganze Eis in einem einzigen Happen in den Mund stecken, dort kann es dann langsam schmelzen. Auf die Art kannst du dich nicht bekleckern. Gib her, ich zeig' es dir!"

Die Nixe isst das Eis mit einem einzigen Happen auf.

Mädchen *(nur noch mit der Eiswaffel in der Hand)*: „Oh! Was war das? Da ist ja für mich nichts mehr übrig geblieben. Nicht der kleinste Rest Eis. Nur die Eiswaffel ist noch übrig!"

Das Mädchen will gerade in die Eiswaffel beißen, da springt ein Riese hervor und möchte etwas sagen.

Da stopft sich das Mädchen die ganze Eiswaffel in den Mund, kaut blitzschnell und schluckt sie dann hinunter.

Mädchen: „Beim nächsten Mal esse ich mein Eis so, wie ich es will. Und ich lasse mir von niemandem mehr reinreden!" ◇

nach Rania Zaghir

Stern von Bethlehem

Regisseur: Okay, ihr Sterne – ihr wisst, worum es heute geht:
Wir suchen eine Hauptrolle: den Stern von Bethlehem.

Alle Sterne: *(Zustimmendes Gemurmel.)*

Regisseur: *(zum 1. Stern)* Also, du bist …

Seestern: Ein Seestern!

Regisseur: Und warum, glaubst du, bist du
besonders geeignet für diese Rolle?

Seestern: Na ja, immer im Meer herumzuplanschen,
ist doch langweilig. Will mal was Neues
ausprobieren …

Regisseur: Aha. Der Nächste bitte!

Zimtstern: *(schmatzt und reibt sich den Bauch)*
Oh, ich bin ein Zimtstern!

Regisseur: Aha! Und warum bewirbst du dich
für diese Rolle?

Zimtstern: Ist doch klar: Ich gehöre nun einmal
zu Weihnachten. Ich selbst
kriege nie genug von mir!

Regisseur: Oh, danke! Machen wir weiter …

Sternschnuppe: ICH bin genau richtig für diese Rolle!

Regisseur: Warum?

Sternschnuppe: Ich bin natürlich der schönste Stern hier!

Regisseur: Nun, ich glaube nicht, dass du
die Richtige bist für die Rolle!

Sheriffstern: Der Held bin eindeutig ich!
Als Sheriffstern sorge ich
für Recht und Ordnung …
und wehe …

Regisseur: STOPP! Sofort aufhören! Setzen!
(leise zu sich)
Wie sollen wir bloß einen passenden Stern
für eine so besondere Rolle finden?

*Die Sterne, außer dem Friedensstern, zanken
und streiten sich, wer am besten ist.*

Friedensstern: Ruhe! Was soll das denn alles?
Es geht nicht um Schönheit und
nicht um Gewalt. Auch nicht
um Leckereien oder Langeweile …
Es geht um ein Kind, das geboren wird,
um ein Zeichen für den Frieden! ◇

nach Astrid Grabe und Andrea Mucha

Der Streik der Farben

Eines Tages sucht Duncan vergebens seine Farbstifte.
Er findet nur einen Stapel Briefe mit seinem Namen darauf.

Lieber Duncan,

es war toll, im letzten Jahr deine
Lieblingsfarbe gewesen zu sein.
Und im Jahr davor.
Und im Jahr vor DEM.
Ich habe all die Meere, Flüsse, Tropfen,
Regenwolken und blauen Himmel
wirklich genossen. Nun habe ich aber
schlechte Neuigkeiten: Ich bin ganz
kurz und stummelig geworden. Ich sehe
nicht mal mehr über den Rand der
Farbschachtel hinaus!

Deine kurz geratene Freundin BLAU

Hey Duncan,

ich bin's, dein ROTER Farbstift.
Wir müssen reden! Ich muss viel härter
als die anderen Farbstifte arbeiten.
Ich male Feuerwehrautos, Äpfel,
Erdbeeren, Nikoläuse an Weihnachten
und Herzen am Valentinstag.
ICH BRAUCHE EINE PAUSE.

Dein überarbeiteter Freund ROT

Lieber Duncan,

als grüner Farbstift will ich dir sagen, dass ich meine Arbeit als Farbstift für Krokodile, Bäume, Dinosaurier und Frösche toll finde. Ich bin wunschlos glücklich. Aber meine Freunde GELB und ORANGE sprechen nicht mehr miteinander. Jeder denkt, er sei die Farbe der Sonne. Bitte kläre das so schnell wie möglich.

Deine glückliche Freundin GRÜN

Duncan,

jetzt hör mir mal gut zu, Freundchen! Du hast letztes Jahr nicht ein einziges Mal mit mir gemalt. Du denkst wohl, ich sei eine Mädchenfarbe. Kannst du bitte zur Abwechslung mal einen pinken Dinosaurier, Drachen oder Cowboy malen?

Dein ungebrauchter Freund PINK

Oje, der arme Duncan. Eigentlich will er doch nur Bilder malen. Aber er will auch, dass seine Farbstifte glücklich sind. Da hat er eine Idee … ◇

Drew Daywalt

Wie kann Duncan alle Farbstifte glücklich machen?

Quellenverzeichnis

S. 7: Maar, Paul: Vornamen-ABC (◇ verändert). Aus: JAguar und NEINguar. Gedichte von Paul Maar. Oetinger Verlag: Hamburg 2007. **S. 8: Wittkamp, Frantz:** Das tut manchmal weh. Aus: Hans-Joachim Gelberg (Hg.): Wo kommen die Worte her? Neue Gedichte für Kinder und Erwachsene. Beltz & Gelberg: Weinheim und Basel 2011, © Frantz Wittkamp. **Maar, Paul:** Der Buchstabe Z. Aus: JAguar und NEINguar. Gedichte von Paul Maar. Oetinger Verlag: Hamburg 2007. **S. 9: Anger-Schmidt, Gerda:** Mitspielreim (Originaltitel: Mitspielreime), (◇ gekürzt und verändert). Aus: Gerda Anger-Schmidt und Renate Habinger: Neun nackte Nilpferddamen. Niederösterreichisches Pressehaus, Druck- und Verlagsgesellschaft mbH, NP Buchverlag: St. Pölten – Wien – Linz 2003. **Maiwald, Peter:** Das Murmeltier. Aus: Die Mammutmaus sieht wie ein Mammut aus. Carl Hanser Verlag: München 2006. **S. 10: Schwarz, Regina:** Elefanten rückwärtszählen (◇ gekürzt und verändert) © 2016 Regina Schwarz. **Gutzschhahn, Uwe-Michael:** Akrobat. Aus: Unsinn lässt grüßen. Gedichte. Gerstenberg Verlag: Hildesheim 2012. **Port, Moni:** Der dünne Dackel; Zwanzig Zwerge. Aus: Der Flugplatzspatz nahm auf dem Flugblatt Platz. Klett Kinderbuch: Leipzig 2017. **S. 11: Maar, Paul:** Regenpferd und Seewurm, © Paul Maar. Aus: Uwe-Michael Gutzschhahn (Hg.): Ununterbrochen schwimmt im Meer der Hinundhering hin und her. Das dicke Buch vom Nonsens-Reime. cbj: München 2018. **Mai, Manfred:** Peng! Aus: Ein Nashorn saß auf einem Baum. Boje Verlag in der Bastei Lübbe GmbH: Köln 2012. **Futscher, Christian:** Das Dachschwein. Aus: Uwe-Michael Gutzschhahn (Hg.): Sieben Ziegen fliegen durch die Nacht. Hundert neue Kindergedichte. dtv: München 2018. **S. 12: Rahmandoust, Mostafa:** Wie heißt er nur? Ein Gedicht in Farsi aus dem Iran, übersetzt von Jutta Himmelreich. Aus: Der Kinderkalender 2019, herausgegeben und ausgewählt von der Internationalen Jugendbibliothek München. © edition momente: München 2018. **Morgenstern, Christian:** Die Vogelscheuche. Aus: Gesammelte Werke. Anaconda Verlag: Köln 2014. **S. 13: Sandburg, Carl:** Nebel / Fog (◇ gekürzt). Übersetzt von Sybil Gräfin Schönfeld. Zitiert nach: Der Kinderkalender 2019, herausgegeben und ausgewählt von der Internationalen Jugendbibliothek München. © edition momente: München 2018. **Kreidolf, Ernst:** Am Fester. Aus: Schwätzchen für Kinder. Schafstein & Co.: Köln 1903. **S. 14: Hagen, Hans und Monique:** Still / Stil. Aus dem Niederländischen von Marianne Holberg. Aus: Hans & Monique Hagen: Van mij en van jou. Amsterdam: Em. Querido's Uitgeverij BV, 2007, Copyright Text © 2007 by Hans en Monique Hagen. **Chotomska, Wanda:** Stern (Originaltitel: Gwiazdka; in der deutschen Übersetzung: Weihnachtsstern). Aus dem Polnischen von Esther Kinsky. Aus: Wanda Chotomska/Ewa Poklewska-Koziello: Opowiadania. Pod choinke od polskich pisarzy. Koziello i Iwona Cala © by Wyawnictwo Literata, Łódź 2007. Aus: Internationale Jugendbibliothek (Hg.): Arche Kinderkalender 2014, © 2013 by Arche Kalender Verlag GmbH, Raabe + Vitali, Zürich-Hamburg. **S. 15: Krüss, James:** Tannengeflüster. Aus: Der wohltemperierte Leierkasten. Gütersloh: Mohn 1961. **S. 16: Proteti, João:** Blütenspiel. Aus dem Portugiesischen von Inés Koebel. Aus: João Proteti: Árvore. São Paulo: Cortez Editora. © 2014 by João Proteti. **Rautenberg, Arne:** Was der Regenwurm nachts macht. Aus: Internationale Jugendbibliothek, Lyrik Kabinett, Deutsche Akademie für Sprache und Dichtung (Hg.): Ein Nilpferd steckt im Leuchtturm fest. Tiergedichte für Kinder. Mixtvision: München 2018. **Lin, Liang:** Regen. Aus dem Chinesischen von Wolf Baus und Ruth Keen. Aus: Liang Lin/Zhutong Liu, Yu: Zhongguo zui mei de tong shi © Chongqing chu ban she (Division of Chongqing Publishing Group), Chongqing, 2010. **S. 17: Grosche, Erwin:** Alles Sommer. Aus: Und Löffel zu Löffel ins Löffelfach. Gedichte für neugierige Kinder. Bastei Lübbe AG: Köln 2016. **Rieger, Monika:** Rätsel. © Monika Rieger. **May, Helge:** Die Idee. Aus: Christel Bossbach (Hg.): Die schönsten neuen Kinderreime. Weltbild: Augsburg 1998. **S. 20: nach Zeuch, Christa:** Zusammen sind wir stark (◇ gekürzt und verändert). Edition Bücherbär im Arena Verlag: Würzburg 1995. **S. 22: Cali, Davide:** Warum ich zu spät gekommen bin (◇ gekürzt und verändert). Aus dem Englischen von Annabel Lammer S. Bohem Press: Münster 2014. © Text: Davide Cali. **S. 24: Boie, Kirsten:** Ich habe fast einen Hund (◇ gekürzt und verändert). Aus: Ein Hund spricht doch nicht mit jedem. Oetinger: Hamburg 1997. **S. 25: Saudo, Coralie:** Mit Papa im Zoo (◇ gekürzt und verändert). Aus dem Französischen von Jacqueline Kersten. Aladin Verlag: Hamburg 2017. Text © 2015 Coralie Saudo. **S. 26: Krause, Ute:** Der erste Auftrag (◇ gekürzt und verändert). Aus: Minus Drei wünscht sich ein Haustier. cbj Kinder- und Jugendbuchverlag in der Verlagsgruppe Random House: München 2014. **S. 29: Janisch, Heinz:** Der rote Mantel. (Originaltitel: Der rote Mantel. Die Geschichte vom heiligen Martin), (◇ Auszug). Verlagsanstalt Tyrolia: Innsbruck – Wien 2015. **S. 30: Gómez Redondo, Susana:** Am Tag, als Saída zu uns kam (◇ gekürzt und verändert). Aus dem Spanischen von Catalina Rojas Hauser. Peter Hammer Verlag: Wuppertal 2016. **S. 32: Van Biesen, Koen:** Pssst! (Originaltitel: Mein Nachbar liest ein Buch), (◇ Auszug). Übersetzung von Ulrike Kemmann. Mixtvision: München 2014. **S. 34: Behl, Anne-Kathrin:** Matze tanzt ein Tor (Originaltitel: Matze vor, tanz ein Tor!), (◇ gekürzt und verändert). Atlantis, an Imprint of Orell Füssli Verlag AG: Zürich, Switzerland 2014. **S. 35: Kling, Marc-Uwe:** Das kaputte Internet (Originaltitel: Der Tag, an dem die Oma das Internet kaputt gemacht hat), (◇ gekürzt und verändert). Carlsen: Hamburg 2018. **S. 36: Orths, Markus:** Unter dem Bett (Originaltitel: Das Zebra unterm Bett), (◇ gekürzt und verändert). Moritz Verlag: Frankfurt am Main 2015. **S. 37: Knudsen, Michelle:** Mathildas Monster (◇ gekürzt und verändert). Aus: Michelle Knudsen (Text) und Matt Phelan (Illustration): Mathildas Monster. Aus dem Englischen von Nicole Oberholzer. Orell Füssli: Zürich 2016, © Text: 2015 Michelle Knudsen. **S. 38: Pannen, Kai:** Die Mutprobe (◇ gekürzt und verändert). Aus: Zombert und der mutige Angsthase. Tulipan: München 2017. **S. 42: Kostrzewa, Anne:** Nasengruß und Wangenkuss (◇ gekürzt und verändert). Aus: Anne Kostrzewa (Text) und Inka Vigh (Ill.): Nasengruß & Wangenkuss. So macht man Dinge anderswo. Sauerländer, S. Fischer Verlag GmbH: Frankfurt am Main 2017. **S. 44: Kostrzewa, Anne:** Feste feiern (◇ gekürzt und verändert). Aus: Anne Kostrzewa (Text) und Inka Vigh (Ill.): Nasengruß & Wangenkuss. So macht man Dinge anderswo. Sauerländer, S. Fischer Verlag GmbH: Frankfurt am Main 2017. **S. 46: Labor Ateliergemeinschaft:** Was hast du heute gegessen? (◇ gekürzt und verändert). Aus: Ich so du so. Alles super normal. Beltz und Gelberg: Weinheim 2017. **S. 48: Maxeiner, Alexandra:** Allesfresser (◇ gekürzt und verändert). Aus: Anke Kuhl und Alexandra Maxeiner: Alles lecker! Von

Lieblingsspeisen, Ekelessen, Küchendüften, Erbsenpupsen, Pausenbroten und anderen Köstlichkeiten. Klett Kinderbuch: Leipzig 2012. **S. 51: Rotter, Katharina:** Die Zwerg-Fledermaus (◇ gekürzt und verändert). Aus: Outdoor-Nächte. Von Fledermäusen, Grusel und Lagerfeuer. Velber Buchverlag: Freiburg 2014. **S. 52: Jacobs, Una:** Der eine schläft, der andere ist wach (◇ gekürzt und verändert). Aus: Die blühende Natur-Uhr. Durch das Jahr mit Sonne, Schmetterlingen und Blumen. Ellermann im Dressler Verlag: Hamburg 2018. **S. 55: Walden, Libby:** Der Kreislauf des Lebens (◇ verändert). Aus: Wie alles wächst. Der Kreislauf des Lebens. Aus dem Englischen von Christina Pfeiffer. 360 Grad Verlag: Schriesheim 2017. **S. 56: van Saan, Anita:** Experiment: blauer Sellerie (◇ gekürzt und verändert). Aus: Anita van Saan (Redaktion) und Charlotte Wagner (Illustration): 101 Experimente mit Pflanzen. moses: Kempen 2008. **S. 57: Jacobs, Una:** Die Superkraft der Pflanzen (Originaltitel: Die lautlose Verteidigung), (◇ gekürzt und verändert). Aus: Die blühende Natur-Uhr. Durch das Jahr mit Sonne, Schmetterlingen und Blumen. Ellermann im Dressler Verlag: Hamburg 2018. **S. 64: nach Jacob und Wilhelm Grimm:** Rotkäppchen. **S. 66: Robberecht, Thierry:** Der Wolf, der aus dem Buch fiel (◇ gekürzt und verändert). Aus dem Französischen von Ilse Rothfuss. Ravensburger Buchverlag: Ravensburg 2015. **S. 68: Hetmann, Frederik:** Die endlose Geschichte (◇ gekürzt und verändert). Aus: Märchen aus Wales. Herausgegeben und übersetzt von Frederik Hetmann, Eugen Diederichs Verlag, Düsseldorf 1982, © Diederichs Verlag, München, in der Verlagsgruppe Random House GmbH. **S. 69: nach Charles Perrault:** Die drei Wünsche (Originaltitel: Les Souhaits ridicules), (◇ gekürzt und verändert). **S. 70: Janisch, Heinz:** Die Strohhüte im Schnee (◇ gekürzt und verändert). Japanische Volksmärchen: Märchen der Weltliteratur. Verlag Eugen Diederichs 1962, neu erzählt von Heinz Janisch. Aus: Märchen für mutige Jungs, Boje: Köln 2010. **S. 72: Meiners, Franziska:** Der Fischer und der Dschinn (◇ gekürzt und verändert). Aus: Das Flüstern des Orients, Arabische Märchen zum Vorlesen und Entdecken. NordSüd Zürich: 2018. **S. 76: Lakin, Patricia:** Zum Strand! (◇ gekürzt). Aus dem Englischen von Sabine Wilharm. Carlsen Verlag: Hamburg 2007. **S. 78: Parvela, Timo:** Totti (◇ gekürzt und verändert). Aus: Pekkas geheime Aufzeichnungen. Die Wunderelf. Aus dem Finnischen von Anu und Nina Stohner. Carl Hanser Verlag: München 2016. **S. 80: nach Zaghir, Rania:** Wer hat mein Eis gegessen? (◇ gekürzt und verändert). Aus dem Arabischen von Petra Dünges. Edition Orient: Berlin 2010 und 2014. **S. 82: nach Grabe, Astrid und Andrea Mucha:** Stern von Bethlehem (Originaltitel: Stern von Bethlehem oder Bethlehem sucht den Superstar), (◇ gekürzt und verändert). Aus: Von Schulanfang bis Abschiedsfeier. Schöne Theaterstücke mit wenig Aufwand. Verlag an der Ruhr: Mülheim an der Ruhr 2007. **S. 84: Daywalt, Drew:** Der Streik der Farben (◇ gekürzt und verändert). Übersetzt von Anna Schaub. NordSüd Verlag: Zürich, Schweiz 2016.

Originalbeiträge: S. 6: ABC-Gedicht. **S. 21:** Simone Eutebach: Streit um Nessi **S. 43:** Yurdakul Cakır-Dikkaya: Beş taş: Fünf Steine. **S. 47:** Sylvia Gredig: Eier-Pfannkuchen. **S. 49:** Sylvia Gredig: Eingepackt – ausgepackt – Müll! **S. 50:** Sylvia Gredig: Was fliegt durch die Nacht? **S. 53:** Syliva Gredig: Steckbrief: Kohlmeise. **S. 54:** Sylvia Gredig: Feuerbohnen wachsen lassen. **S. 58:** Sylvia Gredig: Geräusche machen. **S. 59:** Simone Eutebach: Hallo, wir sind auf Sendung! **S. 60:** Sylvia Gredig: Wozu brauchen wir das Internet?

Bildquellenverzeichnis

S. 5: Oetinger © Sonja Och; **S. 18: l.:** © Tomasz Poslada; **r.:** Ute Krause: Minus Drei und die laute Lucy. cbj Kinder- und Jugendbuchverlag in der Verlagsgruppe Random House: München 2014; **S. 19: o. l. u. S. 30 Cover:** Susana Gómez Redondo, (Text) und Sonja Wimmer (Illustration): Am Tag, als Saída zu uns kam. Peter Hammer Verlag: Wuppertal 2016; **o. r. u. S. 27 Cover:** Ute Krause: Minus Drei wünscht sich ein Haustier. cbj Kinder- und Jugendbuchverlag in der Verlagsgruppe Random House: München 2014; **u. l. u. S. 36 Cover:** Markus Orths (Text) und Kerstin Meyer (Illustration): Das Zebra unterm Bett. Moritz Verlag: Frankfurt am Main 2015; **u. m. u. S. 39 Cover:** Kai Pannen: Zombert und der mutige Angsthase. Tulipan: München 2017; **u. r. u. S. 33 Cover:** Koen Van Biesen: Mein Nachbar liest ein Buch. Mixtvision: München 2014; **S. 26 u. S. 27:** Ute Krause: Minus Drei wünscht sich ein Haustier. cbj Kinder- und Jugendbuchverlag in der Verlagsgruppe Random House: München 2014; **S. 28:** L'Arronge, Lilli: Familie (Originaltitel: Familienleben), (◇ gekürzt). Aus: Wir mit dir sind vier, Verlagshaus Jacoby & Stuart: Berlin 2017; **S. 30:** arabische Schrift: Habib Akroush; **S. 31:** Susana Gómez Redondo, (Text) und Sonja Wimmer (Illustration): Am Tag, als Saída zu uns kam. Peter Hammer Verlag: Wuppertal 2016; **S. 32 u. S. 33:** Koen Van Biesen: Mein Nachbar liest ein Buch. Mixtvision: München 2014; **S. 38 u. S. 39:** Kai Pannen: Zombert und der mutige Angsthase. Tulipan: München 2017; **S. 40 l.:** mauritius images/nature picture library; **m.:** mauritius images/Gary K Smith/FLPA; **r.:** Shutterstock.com/Brent Hofacker; **S. 41 l.:** Shutterstock.com/Bogdan Sonjachnyj; **r.:** Shutterstock.com/ Poznyakov; **S. 46 o. l.:** Shutterstock.com/Tanya Little; **o. r.:** Shutterstock.com/Holly Vegter; **m. l.:** Shutterstock.com/imtmphoto; **m. r.:** Shutterstock.com/Denis Kuvaev; **u. l.:** stock.adobe.com/Mayer Riccardo/Riccardo Niels Mayer; **u. r.:** Shutterstock.com/ sianc; **S. 48 u. S. 49:** Anke Kuhl (Illustration) und Alexandra Maxeiner (Text): Alles lecker! Von Lieblingsspeisen, Ekelessen, Küchendüften, Erbsenpupsen, Pausenbroten und anderen Köstlichkeiten. Klett Kinderbuch Verlag GmbH: Leipzig 2012; **S. 50:** stock.adobe.com/creativ; **S. 53:** Shutterstock.com/Marcin Perkowski; **S. 55 Cover:** Libby Walden (Text) und Becca Stadtlander (Illustration): Wie alles wächst. Der Kreislauf des Lebens. 360 Grad Verlag: Schriesheim 2017; **S. 56 Cover:** Jonathan Adolph: Geniale Experimente im Glas. 40 schleimige, witzige und supercoole Experimente. TOPP im frechverlag GmbH: Stuttgart 11.02.2019; **S. 61:** Shutterstock.com/wavebreakmedia; **S. 63:** akg-images; **S. 65:** Auszug aus: Frank Flöthmann: Rotkäppchen (◇ gekürzt und bearbeitet). Aus: Grimms Märchen ohne Worte. © 2013; DuMont Buchverlag, Köln, S. 4–6; **S. 79:** Marc Lizano und Ulf K.: Neue Geschichten von Vater und Sohn. Panini Verlags GmbH: Stuttgart 2015.

Deutsch mit Olli

2

Geschichten mit Tieren

Lesetagebuch

Name:

Klasse:

Cornelsen

Auf zur Bücherei

Milo und Mila gehen in die Bücherei.
Hier gibt es Kinderbücher.
Es gibt auch Hörbücher, Zeitschriften,
Comics und Filme.

In der Bücherei

In der Bücherei sind die Bücher geordnet.
Milo schaut bei den Sachbüchern.
Dort gibt es Bücher über Natur und über Technik.
Mila sucht bei den Kinderbüchern.

Wir brauchen
einen Leseausweis.

Den bekommen
wir von der
Bibliothekarin.

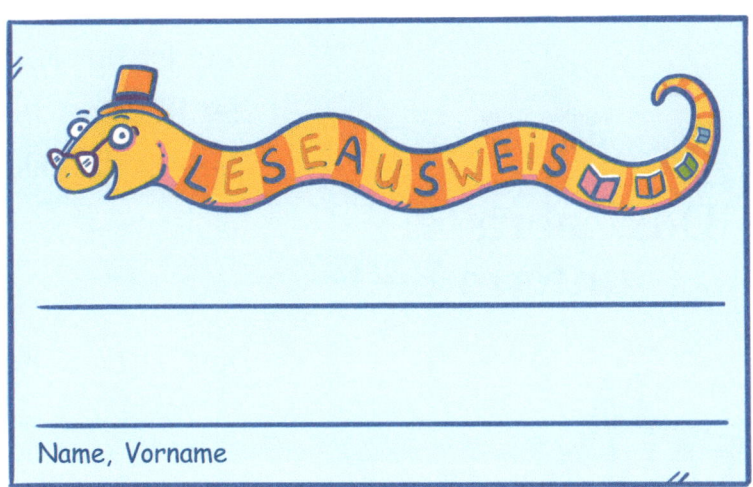

Name, Vorname

Jedes Kind bekommt einen eigenen Bücherei-Ausweis.
Die Bibliothekarin hilft den Kindern.
Jetzt können Mila und Milo ihre Bücher
mit nach Hause nehmen.
In vier Wochen bringen sie die Bücher wieder zurück.

Ein Buch-Cover betrachten

Mila hat eine Geschichte
mit Tieren ausgeliehen.
Das Buch hat ihr besonders gut gefallen.
Sie zeigt es Milo.

Das Bild auf dem
Cover ist witzig!

Was steht
noch alles
auf dem Cover?

Das ist der Name des **Autors**.
Er hat das Buch geschrieben.

Das ist der Name
der **Illustratorin**.
Sie hat die Bilder gemalt.

Markus Orths
Kerstin Meyer

Das Zebra
unterm Bett

Moritz

Das ist der **Titel**.

So heißt der **Verlag**.

Einen Klappentext lesen

Mila und Milo möchten wissen,
worum es in dem Buch geht.
Sie schauen sich die Bilder im Buch an.
Auf der Rückseite lesen sie den Text.

Schau mal, Milo.
Das Zebra in dieser Geschichte
kann schreiben.

Das klingt witzig.

Eines Morgens liegt unter
Hannas Bett ein echtes Zebra.
Einfach so. Bräuninger,
so heißt das Zebra, begleitet
sie in die Schule. Ein Zebra
im Unterricht? Das geht doch
nicht!
Da Bräuninger aber verflixt
gut schreiben, rechnen und
turnen kann, darf er bleiben.
Zunächst.

Auf der Rückseite eines Buches
steht der **Klappentext**.
Dieser Text informiert über den Inhalt.

Eine Lesekiste gestalten

Mila möchte ihr Buch der Klasse vorstellen.
Sie gestaltet eine Lesekiste. Darin sammelt sie
Gegenstände, die zu der Geschichte passen.

Ich brauche ein Zebra,
ein Bett, eine Puppe
und ein Schulhaus.

Ich kann dir einen
Schuhkarton geben.

Mit dem roten Faden erzählen

Milo hat Stichwörter aufgeschrieben.
Er heftet seine Stichwörter hintereinander
an den roten Faden.
Der rote Faden hilft Milo beim Erzählen.

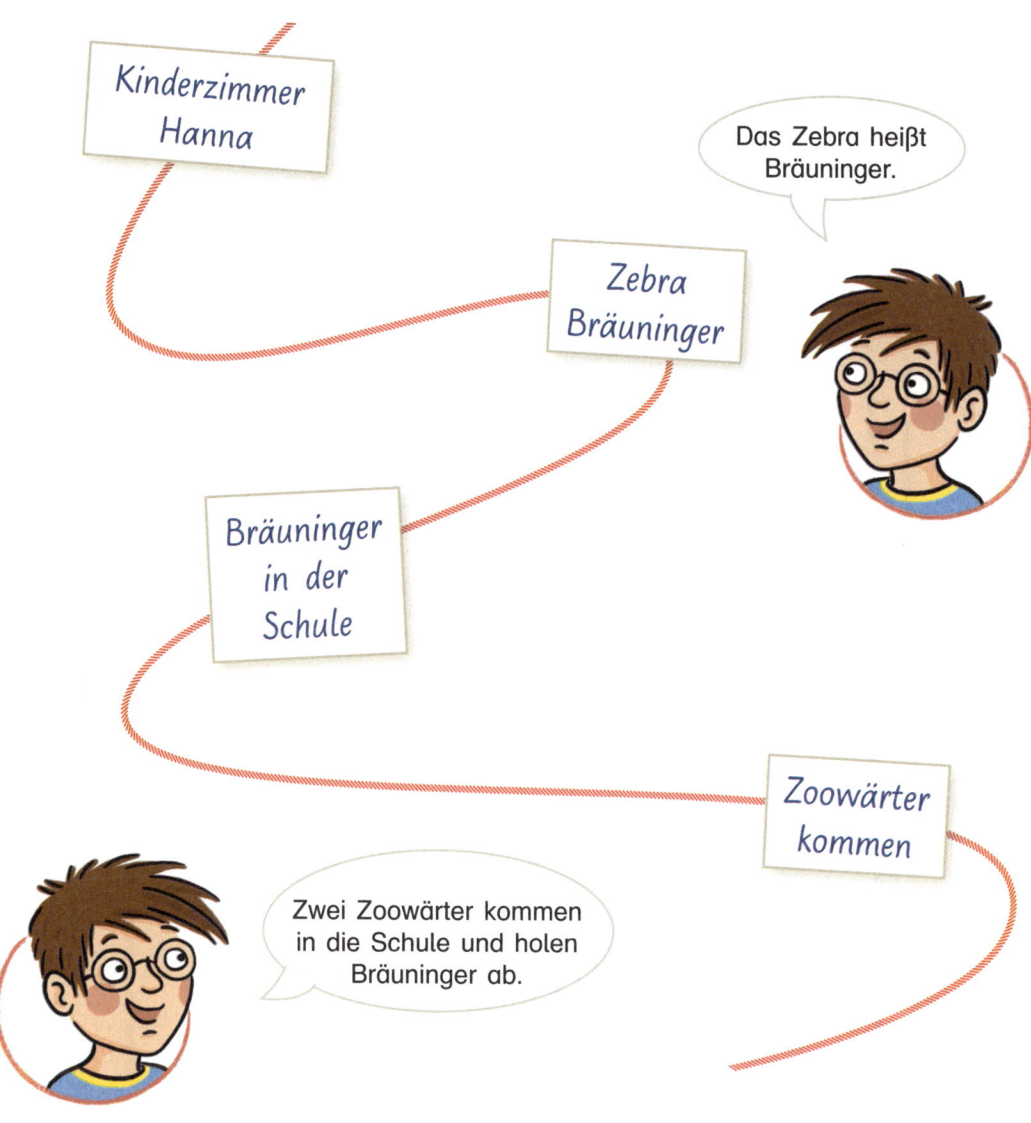

Nun bist du an der Reihe!

Gestalte dein eigenes Buchcover.
Oben steht der Name des Autors oder der Autorin.
Darunter steht der Titel des Buches.

Nun bist du an der Reihe!

Schreibe einen Steckbrief zu einem Buch.

BUCHTIPP

Buchtipp von _____

Titel: _____

Autor / Autorin: _____

Bilder von: _____

Verlag: _____

Wichtige Personen: _____

Davon handelt das Buch: _____

_____

_____

Mein Buch ist: spannend ☐   lustig ☐   traurig ☐

_____ ☐

Ich empfehle dieses Buch: _____

Nun bist du an der Reihe!

Beschreibe deine Vorlieben.

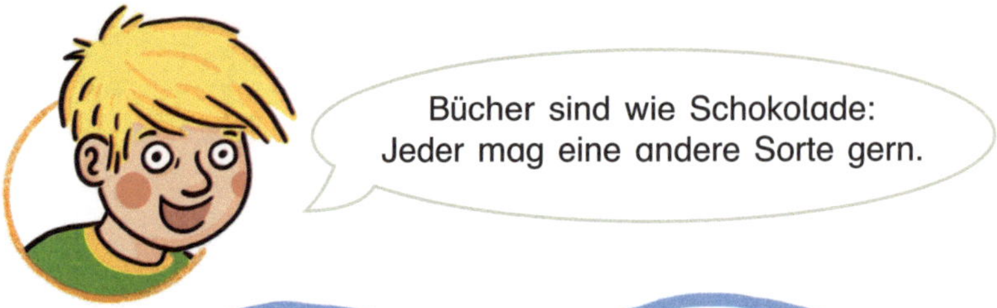

Bücher sind wie Schokolade:
Jeder mag eine andere Sorte gern.

Meine Lieblings-Schokoladensorte ist:

_____

Mein Lieblingsbuch heißt:

_____

Ich mag Bücher,

☐ in denen ich miträtseln kann.

☐ in denen Jungs vorkommen.

☐ in denen Mädchen vorkommen.

☐ mit Tieren.

☐ die mich zum Lachen bringen.

☐ in denen ich etwas Neues erfahre.

Dieses Buch lese ich als nächstes:

Titel: _____

Autor / Autorin: _____

Gemeinsam lesen

Naomi und Sami wollen das Lesen
zusammen üben. Sami kann schon
etwas besser lesen als Naomi.
Gemeinsam suchen sie einen Text aus.

Wir lesen den Text zusammen.

Ich passe auf, dass wir alles richtig lesen.

Naomi und Sami
lesen den Text halblaut vor.

Wenn Naomi ein Lesefehler passiert,
tippt Sami ihr auf die Schulter.

Sie wiederholen das Wort richtig.

Naomi und Sami lesen den Satz noch einmal.

Naomi und Sami lesen den Text noch einmal.
Jetzt klappt es schon besser!

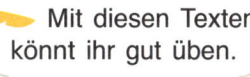 Mit diesen Texten
könnt ihr gut üben.

Quellen

S. 4 und 5: Orths, Markus (Text) und Kerstin Meyer (Illustration): Das Zebra unterm Bett (◇ gekürzt und verändert), Moritz Verlag: Frankfurt am Main 2019

S. 5: Ill. von Kerstin Meyer aus: Markus Orths & Kerstin Meyer: Das Zebra unterm Bett © 2015 Moritz Verlag, Frankfurt am Main

220048336

Deutsch mit Olli **2** Lesetagebuch

Erarbeitet von:	Simone Eutebach
Redaktion:	Dr. Birgit Waberski
Illustrationen:	Adja Schwietring, Petra Eimer (Papageien Cover, S. 11)
Umschlaggestaltung:	Corinna Babylon und Jule Kienecker, Berlin
Layoutkonzept und technische Umsetzung:	Cornelia Gründer, Corngreen GmbH, Leipzig

Dieses Heft ist Bestandteil des Lesebuches Deutsch mit Olli 2 (ISBN 978-3-06-084820-1) und nicht einzeln bestellbar.
Es kann im 10er-Pack nachbestellt werden (ISBN 978-3-46-480536-7).